市场营销变革与创新

王向娟　马　杰　王婷婷　著

吉林出版集团股份有限公司

图书在版编目（CIP）数据

市场营销变革与创新 / 王向娟，马杰，王婷婷著
. — 长春：吉林出版集团股份有限公司，2020.5
ISBN 978-7-5581-8470-3

Ⅰ．①市… Ⅱ．①王… ②马… ③王… Ⅲ．①市场营
销学 Ⅳ．① F713.50

中国版本图书馆 CIP 数据核字（2020）第 060066 号

市场营销变革与创新

著　　者	王向娟　马　杰　王婷婷	
责任编辑	齐　琳　姚利福	
封面设计	林　吉	
开　　本	787mm×1092mm　1/16	
字　　数	200 千	
印　　张	8.75	
版　　次	2021 年 6 月第 1 版	
印　　次	2021 年 6 月第 1 次印刷	
出　　版	吉林出版集团股份有限公司	
电　　话	总编室：010-63109269	
	发行部：010-82751067	
印　　刷	炫彩（天津）印刷有限责任公司	

ISBN　978-7-5581-8470-3　　　　　　　　　　定　价：58.00 元

前　言

随着我国市场经济的不断发展，市场营销在企业经营中的重要性日益凸显，它已经逐渐成为企业经营决策的出发点和归宿。市场营销学是专门研究企业营销活动的方法、技巧及发展规律的一门应用型科学，它是在经济学、管理学、社会学、行为学、心理学等多门学科的基础上建立起来的理论体系，被应用到社会经济生活的方方面面。市场营销学不仅是指导企业经营决策的重要依据，也是许多非营利组织甚至是政府决策的重要理论参照。

市场和市场营销有密切的关系，但不属于同一范畴，因此，认识市场营销的含义之前，首先要明确市场营销学中"市场"的含义。市场通常仅指买方，即专指需求，而不包括卖方，即供给一方。卖方组成行业，买方组成市场。哪里有需求，哪里就有市场。因此，在市场营销学的范畴里，"市场"往往等同于"需求"。但是，没有卖方提供货源，就不可能形成交易，因而，经济学指出，市场是买卖双方相互作用并共同决定商品和劳务价格和交易数量的机制。市场营销是指一个企业为适应和满足消费者的需求，从产品开发、定价、宣传推广到将产品从生产者送达消费者，再将消费者的意见反馈给企业的整体企业活动。市场营销活动的内容不是一成不变的，而是处在不断的发展之中。在市场营销观念下的市场营销活动，不仅包括销售，而且同时也包括了市场调查、新产品开发、广告活动以及售后服务，等等，并且都站在消费者的立场考虑所有这些活动，以消费者的要求为出发点，围绕消费者开展一切活动。推销或销售只不过是市场营销中的一部分功能而已。

由于市场营销理论的迅速发展，加之编者水平有限，编写时间较为仓促，因此本书尚有许多不足之处，敬请广大读者和同行专家指正。

编　者
2020 年 3 月

目　录

第一章 市场营销概论

第一节 市场和市场营销

一、市场及其相关概念

市场营销在一般意义上可理解为与市场有关的人类活动。因此，我们首先要了解市场及其相关概念。

在日常生活中，人们习惯将市场看作是买卖的场所，如集市、商场、纺织品批发市场等。这是一个时空（时间和空间）市场概念。我国古代有关"日中为市，致天下之民，聚天下之货，交易而退，各得其所"的记载（《易·系辞下》），就是对这种在一定时间和地点进行商品交易的市场的描述。

经济学家从揭示经济实质的角度提出了市场的概念。他们认为：市场是一个商品经济范畴；是商品内在矛盾的表现；是供求关系；是商品交换关系的总和；是通过交换反映出来的人与人之间的关系。经济学家指出，市场是社会分工和商品生产的产物；市场是为完成商品形态变化，在商品所有者之间进行商品交换的总体表现。这是抽象的市场概念。

管理学家侧重从具体的交换活动及其运行规律去认识市场。在他们看来，市场是供需双方在共同认可的条件下进行的商品或劳务的交换活动。如美国学者奥德森（W·Alderson）和科克斯（R·Cox）就认为："广义的市场概念，包括生产者和消费者之间实现商品和劳务的潜在交换的任何一种活动。"营销学家菲利普·科特勒（Philip Kotler）进一步指出："市场是由一切具有特定欲望和需求并且愿意和能够以交换来满足这些需求的潜在顾客所组成。因此，市场规模的大小，由具有需求拥有他人所需要的资源，且愿意以这些资源交换其所需的人数而定。"美国通用汽车公司战略决策中心总经理文森特·巴拉巴（V.P.Barabba）认为，市场除了顾客一方，还要再加上"拥有可售商品和服务的企业"这另一方，不将买方和卖方放在一起，就不会有市场。从企业立场来看，市场是外在的、无法控制的（尽管是可以影响的）；它是交换的场所和发展增值关系的场所。

由此可见，人们可以从不同角度界定市场。将上述市场概念做简单综合和引申，我们可以得到对市场较为完整的认识：

（1）市场是建立在社会分工和商品生产基础上的交换关系。这种交换关系是由一系列交易活动构成，并由商品交换规律（其基本规律是价值规律）决定，其实现过程是动态的、错综复杂的、充满挑战性和风险性的，但也是有规律的。

（2）现实市场的形成要具备若干基本条件。这些条件包括：①消费者（用户）一方需要或欲望的存在，并拥有其可支配的交换资源；②存在由另一方提供的，能够满足消费者（用户）需求的产品或服务；③要有促成交换双方达成交易的各种条件，如双方都接受的价格、时间、空间、信息和服务方式等。

（3）市场是指某种产品的现实购买者与潜在购买者需求的总和。市场包含三个主要因素，即有某种需要的人、为满足这种需要所具有的购买能力和购买欲望。用公式来表示：

$$市场 = 人口 + 购买能力 + 购买欲望$$

构成市场的这三个要素是相互制约、缺一不可的，只有三者结合起来才能构成现实的市场，才能决定市场的规模和容量。所以，市场是上述三个因素的统一。

（4）市场的发展是一个由消费者（买方）决定，生产者（卖方）推动的动态过程。在组成市场的双方中，买方需求是决定性的。

站在经营者角度，人们常常把卖方称之为行业，而将买方称之为市场。他们之间的关系如图1-1所示。

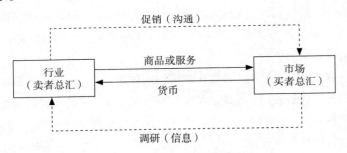

图1-1 简单的市场营销系统

这里，买卖双方有四种流程连接：卖方将商品（服务）送达市场，并与市场沟通；买方把金钱和信息送到行业。图1-1中，内环表示钱物交换，外环表示信息交换。

在现实经济中，基于劳动分工的各特定商品生产者之间的各类交换活动，市场已形成复杂的相互联结的体系，如图1-2所示。其中，生产者从资源市场（由原材料、劳动力、资金等市场组成）购买资源，并将其转变为商品和服务后卖给中间商，中间商再出售给消费者。消费者出卖劳动力赚取金钱之后再换取所需的产品或服务。政府是另一种市场，它为公众需要提供服务，对各市场征税，同时也从资源市场、生产者市场和中间商市场采购商品。

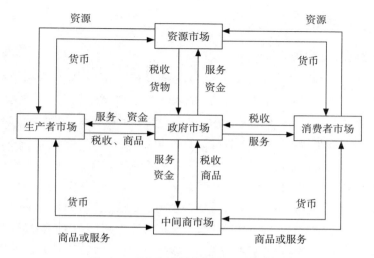

图 1-2　现代交换经济中的市场基本流程

二、市场营销的含义

"市场营销"是由英语中"Marketing"一词翻译而来。其原义一是指市场上的买卖活动；二是指一门学科。

美国市场营销协会对"市场营销"是这样定义的：市场营销是计划和执行关于创意、商品和服务的观念、定价、促销和分销，以创造出符合个人和组织目标交换的一种过程。

营销界的顶级大师菲利普·科特勒教授将其定义为：市场营销是个人和群体通过创造并同他人交换产品和价值以满足需求和欲望的一种社会过程和管理过程。

国内外学者对市场营销已下过上百种定义，企业界的理解更是各有千秋。美国学者基恩·凯洛斯曾将各种市场营销定义分为三类：一是将市场营销看作是一种为消费者服务的理论；二是强调市场营销是对社会现象的一种认识；三是认为市场营销是通过销售渠道把生产企业同市场联系起来的过程。

根据这些定义，可以将市场营销的概念具体归纳为下列要点：

（1）市场营销的最终目标是"满足需求和欲望"。

（2）"交换"是市场营销的核心，交换过程是一个主动、积极寻找机会，满足双方需求和欲望的社会过程和管理过程。

（3）交换过程能否顺利进行，取决于营销者创造的产品和价值满足顾客需求的程度和交换过程的管理水平。

市场营销的实质是在市场研究的基础上，以消费者的需求为中心，在适当的时间、适当的地点，以适当的价格、适当的方式，把适合消费者需要的产品和服务提供给消费者。

营销与一般的销售不同，销售重视的是卖方的需要，营销重视的则是买方的需要。

本书采用著名营销学家菲利普·科特勒教授的定义。

三、市场营销的核心概念

（一）需要、欲望和需求

需要和欲望是市场营销活动的起点。需要是指没有得到某些基本满足的感受状态，是人类与生俱来的。如人们为了生存对食品、衣服、住房、安全、归属、受人尊重等的需要。这些需要存在于人类自身生理和社会之中，市场营销者可以用不同方式去满足它，但不能凭空创造。欲望是指想得到上述基本需要的具体满足品的愿望，是个人受不同文化和社会环境影响表现出来的对基本需要的特定追求。如为满足"解渴"的生理需要，人们可能选择（追求）喝开水、茶、汽水、果汁、绿豆汤或者蒸馏水。市场营销者无法创造需要，但可以影响欲望，开发与销售特定的产品和服务来满足欲望。需求是指人们有能力购买并愿意购买某个具体产品的欲望。需求实际上也就是对某种特定产品和服务的市场需求。市场营销者总是通过各种营销手段来影响需求，并根据对需求的预测结果决定是否进入某一产品（服务）市场。

（二）产品

产品是能够满足人的需要和欲望的任何东西。产品的价值不在于拥有它，而在于它给我们带来的对欲望的满足。人们购买小汽车不是为了观赏，而是为了得到它提供的交通服务。产品实际上只是获得服务的载体。这种载体可以是物，也可以是服务，如人员、地点、活动、组织和观念。当我们心情烦闷时，为满足轻松愉悦的需要，可以去参加音乐会，听歌手演唱（人员）；可以到风景区旅游（地点）；可以参加希望工程百万行（活动）；可以参加消费者假日俱乐部（组织）；也可以参加研讨会，接受一种不同的价值观（观念）。市场营销者必须清醒地认识到，其创造的产品不管形态如何，如果不能满足人们的需要和欲望，就必然会失败。

（三）效用、费用和满足

效用是消费者对产品满足其需要的整体能力的评价。消费者通常根据对产品价值的主观评价和要支付的费用来做出购买决定。如某人为解决其每天上班的交通需要，他会对可能满足这种需要的产品选择组合（如自行车、摩托车、汽车、出租车等）和他的需要组合（如速度、安全、方便、舒适和节约等）进行综合评价，以决定哪一种产品能提供最大的总满足。假如他主要对速度和舒适感兴趣，那么也许会考虑购买汽车。但是，汽车购买与使用的费用要比自行车高许多。若购买汽车，他必须放弃用其有限收入购置的许多其他产品（服务）。因此，他将全面衡量产品的费用和效用，选择购买能使每一元花费带来最大效用的产品。

（四）交换、交易和关系

交换是指从他人处取得所需之物，而以其某种东西作为回报的行为。人们对满足需求或欲望之物的取得，可以通过各种方式，如自产自用、强取豪夺、乞讨和交换等。其中，只有交换方式才存在市场营销。要完成交换必须具备一定的条件（如买卖双方当事人、交换对象、交换价格、信息、交换条件和原则等）才能实现。交换是一种活动过程，交易则是买卖双方价值交换的过程，是交换的基本组成部分。交换是一种过程，在这个过程中如果双方达成一项协议，我们就称之为发生了交易。交易通常有两种方式：一是货币交易，如甲支付800元给商店而得到一台微波炉；二是非货币交易，包括以物易物、以服务易服务的交易等。一项交易通常要涉及几个方面：至少两件有价值的物品；双方同意的交易条件、时间、地点；有法律制度来维护和迫使交易双方执行承诺。

一些学者将建立在交易基础上的营销称为交易营销。为使企业获得较之交易营销所得到的更多，就需要关系营销。关系营销是市场营销者与顾客、分销商、经销商、供应商等建立、保持并加强合作关系，通过互利交换及共同履行诺言，使各方实现各自目的的营销方式。与顾客建立长期合作关系是关系营销的核心内容。与各方保持良好的关系要靠长期承诺和提供优质产品、良好服务和公平价格，以及加强经济、技术和社会各方面联系来实现。关系营销可以节约交易的时间和成本，使市场营销宗旨从追求每一笔交易利润最大化转向追求各方利益关系的最大化。

（五）市场营销和市场营销者

在交换双方中，如果一方比另一方更主动、更积极地寻求交换，我们就将前者称为市场营销者，后者称为潜在顾客。换句话说，所谓市场营销者，就是指希望从别人那里取得资源并愿意以某种有价值的东西作为交换的人。市场营销者可以是卖方，也可以是买方。当买卖双方都表现积极时，我们就把双方都称为市场营销者，并将这种情况称为相互市场营销。

四、市场营销的功能

迄今为止，市场营销的主要应用领域是企业。

"市场营销很重要！市场营销是根本！市场营销是关键！市场营销是经商的核心！市场营销是发展成长的唯一途径！市场营销是推进执行的发动机！"这些宣言是克莱斯和克雷格（《违反直觉的市场营销》一书的合著者）说的，这些话也可以从任何一个其他市场营销专家那里找到。

在市场经济体系中，企业存在的价值在于它能否有效地提供满足他人（顾客）需要的商品。因此，管理大师彼得·德鲁克（Peter F. Drucker）指出，顾客是企业得以生存的基础，企业的目的是创造顾客，任何组织若没有营销或营销只是其业务的一部分，则不能称之为企业。企业的基本职能只有两个：市场营销和创新。这是因为：

（1）企业作为交换体系中的一个成员，必须以对方（顾客）的存在为前提。没有顾客，就没有企业。

（2）顾客决定企业的本质。只有顾客愿意花钱购买产品和服务，才能使企业资源变成财富。企业生产什么产品并不是最重要的，顾客对他们所购物品的感觉及价值判断才是最重要的。顾客的这些感觉、判断及购买行为，决定着企业的命运。

（3）企业最显著、最独特的职能是市场营销。企业的其他职能，如生产管理、财务管理、人力资源管理，只有在实现市场营销目的的情况下，才是有意义的。因此，市场营销不仅以其创造产品或服务的市场来将企业与其他人类组织区分开来，而且不断促进企业将市场营销观念贯彻于每一个部门中，将市场营销作为企业首要的核心职能。

基于以上分析，可以得出市场营销的主要功能：

1. 了解市场消费需求

市场营销活动总是从了解市场需求开始的。企业首先应当了解顾客需求的特点和消费需求复杂的趋向，才能生产出满足顾客需求的商品或服务，才能创造市场需求。

2. 指导企业生产

市场经济条件下，企业必须实行以销定产。通过市场营销调研了解消费需求信息和市场竞争信息，可以对企业生产起指导作用。

3. 开拓销售市场

企业通过营销调查，选择既能满足消费者需要又能发挥企业优势的产品，通过市场营销，加强促销宣传，采取恰当的营销策略，扩大产品销售，提高自身的市场份额。

4. 满足顾客需求

企业通过营销活动，建立合适的营销渠道，通过营销努力，做好销售前后的各种服务，充分满足消费者的需求，如图1-3所示。

图1-3　市场营销的功能

五、市场营销学

市场营销学是适应市场经济高度发展和市场竞争的需要，在现代市场营销实践基础上逐步形成和发展起来的。买方市场的出现是市场营销学产生的重要背景。市场营销学是一门研究市场营销活动及其规律性的应用科学。

市场营销学于20世纪初诞生于美国，美国由自由资本主义向垄断资本主义过渡时期，社会环境发生了深刻变化。当时，市场开始由供不应求转为供过于求，导致企业销售问题的出现，为解决产品销售问题，企业研究了各种推销方法、广告技巧，并对产品进行市场调查和分析，以刺激需求，扩大销路。在这样的背景下一些大学正式开设了销售课程，美国哈佛大学的赫杰特齐教授在1912年出版了第一本以分销和广告为主要内容的市场营销学，被认为是市场营销学作为一门独立学科出现的标志。市场营销学开始萌芽。

第二次世界大战后，随着市场环境的变化，市场向供过于求的买方市场过渡，企业提出创造需求的口号，从购买者立场出发进行一些活动。在此背景下，市场营销学的研究活动大规模开展起来。人们的研究强调要重视买方的现实和潜在需求，企业要以消费者为中心，通过采取整体的营销活动来满足消费者需要，取得满意的利润。这种认识和实践形成了现代市场营销理论——顾客中心论，产生了现代市场营销学。

进入 20 世纪 60 年代，市场营销学与企业管理理论密切结合，市场营销学作为企业经营管理的一种指导而得到广泛应用。20 世纪 70 年代以来，由于能源危机和环境污染的加剧，消费者权益保护运动高涨，贸易保护主义的抬头，企业片面追求满足消费需求而忽视扬长避短，导致竞争能力的削弱等因素，促使人们不断加深对市场营销策略的研究，从而使市场营销步入新的发展时期，出现了大市场营销、绿色营销等新内容。在市场营销理论方面，出现了以企业为中心用4P[产品(product)、价格(price)、渠道(place)、促销(promotion)]研究营销策略向以消费者为中心用4C[顾客(customer)、成本(cost)、便利(convenience)、沟通(communication)]来研究营销策略的转变。近年来，美国的 done. schultz 提出了以竞争为导向，体现关系营销思想的 4R[(关联(relance)、反应(response)、关系(relationship)、回报(reward)]营销新理论，阐述了一个全新的营销四要素。现代市场营销学成为消费经济学、管理学、心理学、社会学、统计学、电子计算机等学科密切结合的一门综合性经济应用学科。

进入 21 世纪，随着信息技术的发展，网络营销的出现使企业传统的营销模式发生了根本变化，追求价值和效率最大化，实现零距离互动式的直接沟通等新的营销观念产生并发展起来。

第二节 市场营销观念的形成与发展

市场营销观念也称市场营销管理哲学，是指企业对其营销活动和管理的基本指导思想。它是一种观念，一种态度，也是一种企业思维方式。任何企业的营销管理都是在特定的指导思想或观念下进行的。因此，确立正确的营销观念，对企业经营成败具有决定性意义。

市场营销观念的核心是正确处理企业、顾客和社会三者之间的利益关系。在大多数情况下，这些利益是相互矛盾的，也是相辅相成的。企业必须在全面分析的基础上，正确处理三者之间的关系，确定自己的原则和基本取向，并用于指导营销实践，才能有效地实现企业目标，确保企业的成功。

随着商品交换日益向深度和广度发展，经营观念也不断地演变和充实。纵观企业经营观念发展演变的历史可知大致经历了生产观念、产品观念、推销观念、市场营销观念、生态营销观念、社会市场营销观念和大市场营销观念七个阶段。其中，前三种观念统称为传统营销观念，后四种观念系统称为现代市场营销观念。

一、传统市场营销观念

（一）生产观念

生产观念是一种最古老的营销管理观念。生产观念认为，消费者总是喜爱可以随处买到并且价格低廉的产品，企业应当集中精力提高生产效率和扩大分销范围，增加产量，降低成本。以生产观念指导营销管理活动的企业，称为生产导向企业，其典型表现是我们生产什么就卖什么。

生产观念在西方盛行于 19 世纪末 20 世纪初。当时，资本主义国家处于工业化初期，市场需求旺盛，企业只要提高产量、降低成本，便可获得丰厚利润。因此，企业的中心问题是扩大生产价廉物美的产品，而不必过多关注市场需求差异。在这种情况下，生产观念为众多企业接受。如福特汽车公司 1914 年开始生产的 T 型汽车，就是在福特的"生产导向"经营哲学（使 T 型汽车生产效率趋于完善，降低成本，使更多人买得起）的指导下创出奇迹的。到 1921 年，福特 T 型汽车在美国汽车市场上的占有率达到 56%。

（二）产品观念

产品观念认为，消费者喜欢高质量、多功能和具有某些特色的产品。因此，企业管理的中心是致力于生产优质产品，并不断精益求精。

持产品观念的公司假设购买者欣赏精心制作的产品，相信他们能鉴别产品的质量和功能，并愿意出较高价格购买质量上乘的产品。这些公司的经理人员常迷恋自己的产品，而不太关注是否受到市场欢迎。他们在设计产品时只依赖工程技术人员而极少让消费者介入。

产品观念和生产观念几乎在同一时期流行。与生产观念一样，也是典型的"以产定销"观念。由于过分重视产品而忽视顾客需求，这两种观念最终将导致"营销近视症"。

（三）推销观念

推销观念又称销售观念，认为消费者通常有一种购买惰性或抗衡心理，若听其自然，消费者就不会大量购买本企业的产品，因而企业管理的中心是积极推销和大力促销。执行推销观念的企业，称为推销导向企业，其表现往往是我们卖什么，就让人们买什么。

推销观念盛行于 20 世纪三四十年代。这一时期，由于科技进步，科学管理和大规模生产的推广，商品产量迅速增加，社会生产已经由商品不足进入商品过剩，卖主之间的市场竞争日益激烈。特别是 1929 年爆发的资本主义世界空前严重的经济危机，前后历时五年，堆积如山的货物卖不出去，许多工商企业纷纷倒闭，市场极度萧条。这种现实使许多企业家认识到，企业不能只集中力量发展生产，即使有物美价廉的产品，也必须保证这些产品能被人购买，企业才能生存和发展。

在推销观念指导下，企业相信产品是"卖出去的"，而不是"被买去的"。他们致力于产品的推广和广告活动，以求说服，甚至强制消费者购买。他们收罗了大批推销专家，做大量广告宣传，夸大产品的"好处"，对消费者进行无孔不入的促销信息"轰炸"，迫使人们不得不购买。

与前两种观念一样，推销观念也是建立在以企业为中心，"以产定销"，而不是满足消费者真正需要的基础上的。

二、现代市场营销观念

（一）市场营销观念（Marketing Concept）

市场营销观念形成于 20 世纪 50 年代。要实现企业目标，关键是取决于目标市场的需求或欲求，并且要比竞争者更有效地满足消费者的要求。以市场为中心，以顾客为导向，协调"市场营销，强调赢利"。此观念有许多生动的说法，如"找出需求并满足之""顾客就是上帝""制造能够销售出去的东西，而不是销售制造出来的东西"等。在市场营销观念下企业的中心任务是搞好市场调研，通过产品开发、市场开发满足消费者需求。

（二）生态营销观念

20 世纪 50 年代，一些企业片面强调或迎合消费者的需求，而不顾自身条件，结果生产出来的商品因质量问题，反而无法满足消费者需要，因此，人们开始强调企业要与其外部环境相适应，既要满足消费者需要，又要发挥企业的优势，使二者紧密结合在一起。在生态营销观念下企业的中心任务是注重研究企业优势与市场需求相整合。

（三）社会市场营销观念

社会市场营销观念是对市场营销观念的修改和补充。社会市场营销观念认为，企业的任务是确定各个目标市场的需要、欲望和利益，并以保护或提高消费者和社会福利的方式，比竞争者更有效、更有利地向目标市场提供能够满足其需要、欲望和利益的物品或服务。社会市场营销观念要求市场营销者在制定市场营销政策时，要统筹兼顾三方面的利益，即企业利润、消费者需要的满足和社会利益。社会市场营销观念出现在 20 世纪 70 年代。

（四）大市场营销观念

20 世纪 70 年代末，企业的经营环境发生了急剧变化：跨国公司得到很大发展，企业竞争已跨越国界涉及全球；世界各国贸易保护主义日益盛行，政府干预加强。在这种形势下，很多企业意识到，要有效开拓市场必须重新调整自己的营销观念，不能消极被动的顺从和适应外部经营环境，而应促使外部环境朝对企业有利的方面转化，并在一定程度上予以控制。菲利普·科特勒提出了"大市场营销观念"，提出企业为了成功地进入特定市场或者特定市场经营，在策略上就必须协调地运用经济、心理、政治和公共关系等手段，以取得政府、公众、社区的合作。与以前的营销观念相比，大市场营销观念具有两个突出特点：一是十分重视企业与外部各方面的关系，以排除人为的障碍；二是提出了变被动为主动营销的思想，使企业营销具有更多的主动性和灵活性。

上述这七种营销观念中的前三种观念被称为传统市场营销观念。传统市场营销观念总体上是以企业和生产为中心，以产定销，其背景在于产品供不应求，处于卖方市场时期。后四种观念被称为现代市场营销观念。现代市场营销观念总体上是以消费者为中心，以销定产，其观念的产生就在于产品供过于求，买方市场的形成。

李维特（Theodore Levitt）曾以推销观念与市场营销观念为代表，比较了新旧观念的差别，如图1-4所示。

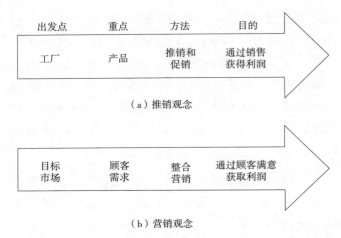

图1-4　推销观念和市场营销观念的对比

第三节　市场营销管理的任务与过程

市场营销管理是为创造达到个人和机构目标的交换而规划和实施的理念、产品、服务构思、定价、促销和配销的过程，它包括分析、计划、执行和控制，目标是满足各方面的需要。市场营销管理的实质是需求管理。

一、市场营销管理的任务

市场营销管理的任务会随着目标市场的不同需求状况而有所不同。企业通常都会对目标市场设定一个预期交易水平，即"预期的需求水平"。然而，期望往往与现实不一致：实际需求水平可能低于或高于期望。因此，营销者必须善于应付各种不同的需求状况，调整相应的营销管理任务。

根据需求水平、时间和性质的不同，可归纳出八种不同的需求状况，在不同的需求状况下，市场营销管理的任务也会有所不同。

（一）负需求

负需求是指全部或大部分顾客对某种产品或劳务不仅不喜欢，没有需求，甚至有厌恶情绪。在此情况下，市场营销的任务是分析市场为何不喜欢这种产品，研究如何经过产品再设计、改变产品的性能或功能、降低价格和正面促销的市场营销方案来改变市场的看法和态度，即扭转人们的抵制态度，实行扭转性营销措施，使负需求变为正需求。

（二）无需求

无需求是指目标市场对产品毫无兴趣或漠不关心的需求状况。如对某些陌生的新产品，与消费者传统观念、习惯相抵触的产品，被认为无价值的废旧物资等。面对无需求市场，营销管理的任务是刺激市场营销，设法把产品的好处和人的自然需要、兴趣联系起来。

（三）潜伏需求

潜伏需求是指现有产品或劳务尚不能满足的、隐而不现的需求状况。如人们对无害香烟、节能汽车和癌症特效药品的需求。在潜伏需求情况下，营销管理的任务是开发市场营销，将潜伏需求变为现实需求。

（四）下降需求

下降需求是指市场对一个或几个产品的需求呈下降趋势的情况。营销管理者的任务是重振市场营销，扭转需求下降的趋势。要分析需求衰退的原因，决定能否通过开辟新的目标市场、改变产品特色，或采用更有效的促销手段来重新刺激需求，扭转其下降趋势。

（五）不规则需求

不规则需求是指市场对某些产品（服务）的需求在不同季节、不同日期甚至一天的不同钟点呈现出很大波动的状况。如对旅游宾馆、公园、公共汽车、博物馆等服务需求，就是不规则需求。市场营销管理的任务是协调市场营销，通过灵活定价、大力促销及其他刺激手段来改变需求的时间模式，努力使供、需在时间上协调一致。

（六）充分需求

充分需求是指某种产品或服务的需求水平和时间与预期相一致的需求状况。这时，营销管理的任务是维持市场营销，密切注视消费者偏好的变化和竞争状况，经常测量顾客满意程度，不断提高产品质量，设法保持现有的需求水平。

（七）过量需求

过量需求是指某产品（服务）的市场需求超过企业所能供给或愿意供给的需求状况。在过量需求的情况下，营销管理的任务是降低市场营销，即通过提高价格，合理分销产品，减少服务和促销等手段，暂时或永久地降低市场需求水平。

（八）有害需求

有害需求是指市场对某些有害物品或服务（如烟、酒、毒品、色情电影和书刊等）的需求。对此类需求，营销管理的任务是"反市场营销"，宣传其危害性，劝说消费者放弃这种爱好和需求。对烟、酒等商品，大幅度提高价格，以减少购买机会；而对毒品、色情电影和书刊，则应杜绝生产经营，采取适当措施来消灭需求。

二、市场营销管理的过程

市场营销过程是企业为实现企业任务和目标而发现、分析、选择和利用市场机会的过程。它包括如下步骤：分析营销机会、设计营销战略、选择目标市场、制定营销组合策略、营销整合的实施等。学习和应用市场营销知识的实质是把握市场营销思想的精髓，按照市场营销过程去开展营销运作。因此，市场营销过程是市场营销学内容体系和结构安排的主要依据。

（一）分析营销机会

正确的营销指导思想是在满足顾客需求基础上取得利润。既然如此，就要分析需求、分析市场。营销机会分析包括建立市场营销信息系统、环境分析、市场分析、竞争者分析等内容。

1. 建立市场营销信息系统

市场营销信息系统是由人、设备和程序所构成的持续的与相互作用的机构，由内部报告系统、市场营销情报系统、市场营销研究系统、市场营销决策支持系统等四个子系统构成，任务是收集、区分、分析、评估和分配那些适用、及时而准确的信息，以供市场营销决策者用来制定和改善市场营销计划。

2. 环境分析

企业总是运行在不断变化的社会环境之中，营销人员应当采取适当措施监视和预测环境变化，识别机会和威胁，趋利避害地制定正确的市场营销决策。市场营销环境指影响企业市场营销活动的不可控制的参与者和影响力。参与者由企业、供应商、中间商、顾客、竞争者和公众构成。影响力指影响市场环境参与者的各种社会力量，如人口环境、经济环境、自然环境、技术环境、政治法律环境和社会文化环境等。

3. 市场分析

按照顾客购买用途的不同。企业的市场可分为消费者市场和组织市场两大类。

（1）消费者市场指由购买产品或服务供自己消费或赠送他人的人或家庭所构成的市场。

（2）组织市场指由企业或某种团体机构所构成的市场。包括工业市场、中间商市场、政府市场和非营利组织市场。工业市场由购买产品和服务用于进一步加工或制造产品和服务以供出售或租赁的个人和组织所构成。包括工业、农业、林业、渔业、采矿业、建筑业、运输业、邮电通信业、金融业、保险业和公用事业等。中间商市场指购买商品用于销售或租赁给他人以获取利润的单位和个人，分为批发商和零售商两类。政府市场指为了执行政府职能而购买或租赁产品的各级政府。非营利组织市场也可称为非营利市场，指由非营利组织所构成的市场。非营利组织指不以营利为目的的各种组织，如公立学校、医院、疗养院、博物馆、图书馆、监狱等。

（二）设计营销战略

营销机会分析为企业制定营销战略提供了依据。营销战略是企业在营销活动系统中根据企业内部条件、外部市场机会和限制因素，在企业发展目标、业务范围、竞争方式和资源分配等关系全局的重大问题上采取的决策，是企业的选择目标市场和制定营销组合策略的指导。营销战略的内容包括以下几个方面：

1. 明确企业的任务或目的

何为企业的任务或目的？比如，本公司的业务是什么？本公司的顾客是谁？本公司能为顾客提供什么价值？本公司的未来业务是什么？

2. 制定企业市场营销战略目标

目标是企业任务或目的的具体化。市场营销战略目标通常包括社会贡献目标、企业发展目标、经济效益目标等。

3. 确定战略性业务单位

一个企业并不仅仅经营一项业务，当它为不同的顾客生产经营各类不同的产品时，就形成了多项不同的业务。公司在制定经营战略时要分清自己的各项业务，把每项业务作为一个战略单位来管理。

4. 评估目前的业务投资组合

采用科学的方法对公司目前的各项业务进行分析和评价，以便决定哪些业务单位应当发展，哪些应维持，哪些应缩减或淘汰，把有限的资源和资金用到效益最好的业务上。

5. 确定企业的新业务计划

在公司的业务投资组合计划中，有些效益低下的业务要淘汰。这就要求公司发展新业务以代替旧业务，当现有业务投资组合计划中的销售额和利润达不到公司预期水平时，必须发展一些新业务来弥补这一差距。公司的新业务发展计划有密集式发展、整体式发展和多元化发展三种。

（三）选择目标市场

企业划分了战略业务单位并明确了发展方向后，就要研究和选择目标市场。目标市场是企业决定要进入的市场，或者说，是企业决定为之服务的顾客群体。市场需求是复杂多变的，企业不可能全部都满足。只有在深刻了解市场需求的基础上把市场分为不同类型，结合企业自身资源和市场环境条件确定目标市场，才能充分发挥企业优势，增强竞争能力，并且在充分满足目标市场需求的条件下才能获得最大限度利润。目标市场选择包括市场细分方法、市场细分依据、目标市场策略类型、市场定位策略和影响目标市场策略选择的因素等。

（四）制定营销整合策略

1. 营销因素

企业确定了目标市场以后，必须运用一切能够运用的因素去占领它。市场营销因素是企业在市场营销活动中可以控制的因素，分为产品(product)因素、价格(price)因素、分销渠道(place)因素、促进销售(简称促销promotion)因素等四大类。由于四类因素英文单词的开头字母都是P，所以简称4P。

这种把市场营销因素分为四大类的方法称为麦卡锡分类法，由美国营销学家麦卡锡于1960年提出，是目前市场营销学中通用的分类法，即完整地、科学地概括了所有营销因素的内容，同时便于记忆。

2. 营销整合

营销整合指企业为满足目标市场顾客的需要，对产品、价格、渠道、促销等可控营销因素的综合运用，使它们协调配合发生作用，实现企业战略目标。企业通过有效的市场营销整合来吸引顾客，赢得竞争。

应该说明的是，营销整合绝不是对上述的营销因素的简单叠加和重复，而是通过科学的调配，使它们相互影响、相互作用，达到1+1>2的作用，收到最大的经济效果。

营销整合有以下特点：

（1）可控性

企业可以根据灵活搭配组合的原则，对市场营销整合加以控制，以取得最佳效益。

（2）复合性

营销因素是4P的组合，每一P又包含许多次因素，形成一个次组合，营销因素就由许多次组合复合而成。为便于说明问题，从每一P中选择4个次因素组成各个P的次组合，如图1-5所示。

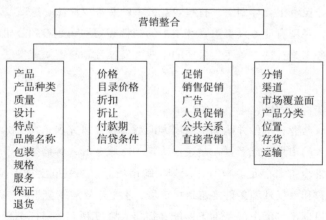

图1-5 营销整合中的4P因素

营销整合的概念强调将市场营销中各种要素组合起来的重要性，但更强调各种要素之间的关联性，要求它们成为统一的有机体。在此基础上，市场营销更要求各种要素的作用力统一方向，形成合力，共同为企业的营销目标服务。营销整合过程如图 1-6 所示。

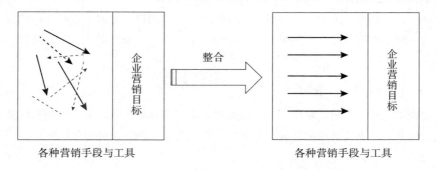

图 1-6　营销整合过程

（3）统一性

营销整合中的各因素必须协调统一、紧密配合，为实现企业利润服务。在以生产为中心的旧观念下，企业的各个职能部门都从自己的业务出发，强调各自的重要性并独立开展活动。例如，生产部门负责人只考虑如何降低生产成本、提高质量；采购部门只考虑如何节约开支；销售部门只考虑如何以高价销售商品。虽然各职能部门力求实现自己的目标，但是企业不能从整体上考虑满足消费需求和开展竞争。在现代营销观念下，企业的市场营销部门负责引导和协调各部门的活动，通过完善营销体系和利用营销整合保证营销活动的有效性，如图 1-7 所示。

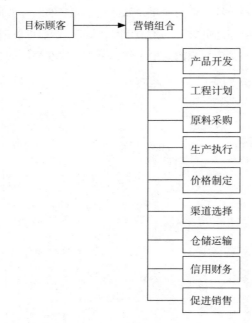

图 1-7　营销体系图

三、营销整合的实施

营销整合的实施是将营销计划转化为行动和任务的部署过程，在这一过程中整合的思想需贯穿始终。实施的成功与否，管理人员所具备的营销贯彻能力、营销诊断能力、问题评估能力、结果评价能力至为关键。在营销整合实施中，涉及资源、人员、组织与管理等方面。

（一）资源的最佳配置

实现资源的最佳配置，既要利用内部资源，运用主体的竞争，力求实现资源使用的最佳效益；又要利用最高管理层和各职能部门，组织资源共享，避免资源浪费。

（二）人员的选择、激励

人是实现营销整合目标的最能动、最活跃的因素，要组成有较高的能力和综合素质的非长期团队小组，保证圆满完成分目标，通过激励措施不断增强人员信心，调动积极性，促使创造性变革产生。

（三）学习型组织

营销整合团队具有动态性特点，而组织又要求具有稳定性。要建立组织中人们所持有的意愿与团队目标、企业目标的高度一致，就必须强化团队学习，创造出比个人能力总和更高的团队，从而形成开放思维，实现自我超越。

（四）监督管理机制

高层管理力求使各种监管目标内在化，如通过共同意愿培养各成员、各团队的自觉服务精神，通过激励培养塑造企业文化，通过团队中人员、职能设置强化团队自我管理能力。团队自身也承担了原有监管应承担的大量工作，因此，须在高层的终端控制下，自觉为实现企业营销目标努力协调工作。

第二章　市场营销环境

第一节　市场营销环境的含义及特点

企业市场营销环境的内容既广泛又复杂。不同的因素对营销活动各个方面的影响和制约也不尽相同，同样的环境因素对不同的企业所产生的影响和形成的制约也会不同。

一、市场营销环境的含义

市场营销环境是作用于企业营销活动的一切外部因素和力量的总和。按照美国市场营销学家菲利普·科特勒的解释，市场营销环境是影响企业的市场营销活动的不可控制的参与者和影响力。因此，市场营销环境是指与企业营销活动有潜在关系的所有外部力量和相关因素的集合，它是影响企业生存和发展的各种外部条件。

任何企业都如同生物有机体一样，总是生存于一定的环境之中，企业的营销活动不可能脱离周围环境而孤立地进行。环境是企业不可控制的因素，营销活动要以环境为依据，企业要主动地去适应环境。但是，企业可以了解和预测环境因素，这样不仅可以主动地适应和利用环境，而且通过营销努力，还可以去影响外部环境，使环境有利于企业的生存和发展，有利于提高企业营销活动的有效性。因此，重视研究市场营销环境及其变化，是企业营销活动的最基本的课题。

市场营销环境包括微观环境和宏观环境。微观环境是指与企业紧密相连，直接影响企业营销能力的各种参与者，包括企业本身、市场营销渠道企业、顾客、竞争者以及社会公众。宏观环境是指影响微观环境的一系列巨大的社会力量，主要是人口、经济、政治法律、科学技术、社会文化及自然生态等因素。微观环境直接影响与制约企业的营销活动，多半与企业具有或多或少的经济联系，也称直接营销环境，又称作业环境。宏观环境一般以微观环境为媒介去影响和制约企业的营销活动，在特定场合，也可以直接影响企业的营销活动。宏观环境被称为间接营销环境。宏观环境因素与微观环境因素共同构成多因素、多层次、多变的企业市场营销环境的综合体，如图 2-1 所示。

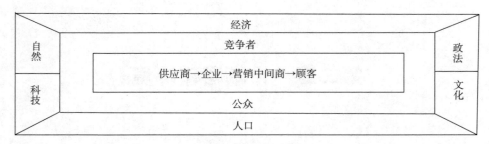

图 2-1　市场营销环境

　　营销环境按其对企业营销活动影响时间的长短，可以分为企业的长期环境与短期环境，前者持续时间较长或相当长，后者对企业市场营销的影响则比较短暂。

　　营销环境的内容比较广泛，可以根据不同标志加以分类。基于不同观点，营销学者提出了各具特色的对环境分析的方法，菲利普·科特勒则采用划分微观环境和宏观环境的方法。微观环境与宏观环境之间不是并列关系，而是主从关系，微观营销环境受制于宏观营销环境，微观环境中所有的分子都要受宏观环境中各种力量的影响，如图 2-2 所示。

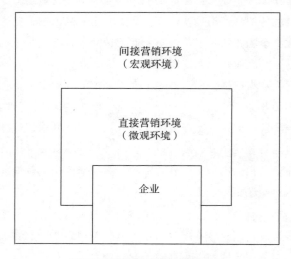

图 2-2　营销环境对企业的作用

二、市场营销环境的特征

（一）客观性

　　环境作为营销部门外在的不以营销者意志为转移的因素，对企业营销活动的影响具有强制性和不可控性的特点。一般说来，营销部门无法摆脱和控制营销环境，特别是宏观环境，企业难以按自身的要求和意愿随意改变它。如企业不能改变人口因素、政治法律因素、社会文化因素等。但企业可以主动适应环境的变化和要求，制定并不断调整市场营销策略，事物发展与环境变化的关系，适者生存，不适者淘汰，就企业与环境的关系而言，也完全适用。有的企业善于适应环境就能生存和发展，有的企业不能适应环境的变化，就难免被淘汰。

（二）差异性

不同的国家或地区之间，宏观环境存在着广泛的差异，不同的企业，微观环境也千差万别，环境的差异性也表现为同一环境的变化对不同企业的影响也不尽相同。例如，美国的经济学家经常发现每当经济不景气时，口红的销量反而会直线上升。原来美国人认为口红是一种比较廉价的消费品，在经济不景气的情况下，人们仍然会有强烈的消费欲望，所以会转而购买比较廉价的商品。口红作为一种"廉价的非必要之物"，可以对消费者起到一种"安慰"的作用。再有，经济的衰退会让一些人的收入降低，这样他们很难攒钱去做一些"大事"，比如买房、买车、出国旅游等，这样手中反而会出现一些"小闲钱"，正好去买一些"廉价的非必要之物"。2008年开始的世界性经济危机，给"口红"带来了市场。调查发现，经济危机来临时，口红、面膜的销量开始上升，而做头发、做按摩等"放松消费"也很有市场，这与其他大宗商品和奢侈品的低迷销量呈现出鲜明的对比。全球几大化妆品巨头，包括法国欧莱雅公司、德国拜尔斯多尔夫股份公司以及日本资生堂公司在2008年的销售额都出现了逆市增长。我们可以看到，在经济危机大背景下，不同的企业所面临的市场环境完全不同。

正因为营销环境的差异，企业应根据环境变化的趋势和行业以及自身的特点，采取灵活多变的、有针对性的营销策略。

（三）多变性

市场营销环境是一个动态系统。构成营销环境的诸因素都受众多因素的影响，每一环境因素都随着社会经济的发展而不断变化。20世纪60年代，中国处于短缺经济状态，短缺几乎成为社会经济的常态。改革开放后，中国已遭遇"过剩"经济，不论这种"过剩"的性质如何，仅就卖方市场向买方市场转变而言，市场营销环境已产生了重大变化。营销环境的变化，既会给企业提供机会，也会给企业带来威胁，虽然企业难以准确无误地预见未来环境的变化，但可以通过设立预警系统，追踪不断变化的环境，及时调整营销策略。

（四）相关性

营销环境诸因素间，相互影响和制约，某一因素的变化会带动其他因素的相互变化，从而形成新的营销环境。

营销环境的相关性表现在不同的方面：例如，各个环境因素之间往往相互制约，目前中国消费者对家庭轿车的需求日益旺盛，但随着世界范围内能源危机的爆发，原油价格居高不下，国内油价与国际接轨的呼声日益高涨，使部分打算购车的消费者顾虑重重，这无疑对扩展家庭轿车市场起到了很强的制约作用；又如，市场需求不仅受消费者收入水平、个人爱好以及社会文化等方面因素的影响，政治法律因素的变化往往也会产生决定性的影响；再如，竞争者是企业重要的微观环境因素之一，而宏观环境中的政治法律因素或经济政策的变动，均能影响一个行业竞争者加入的多少，从而形成不同的竞争格局。

三、市场营销活动与市场营销环境

市场营销环境通过其内容的不断扩大及其自身各因素的不断变化，对企业营销活动发生影响。首先，市场营销环境的内容随着市场经济的发展而不断变化。20世纪初，西方企业仅将销售市场作为营销环境；20世纪30年代后，将政府、工会、竞争者等与企业有利害关系者也被看作环境因素；进入20世纪60年代，又把自然生态、科学技术、社会文化等作为重要的环境因素；20世纪90年代以来，随着政府对经济干预力度的加强，愈加重视对政治、法律环境的研究。环境因素由内向外的扩展，国外营销学者称之为"外界环境化"。其次，市场环境因素经常处于不断变化之中。环境的变化既有环境因素主次地位的互换，也有可控性质的变化，还有矛盾关系的协调。随着我国社会主义市场经济体制的建立与完善，市场营销宏观环境的变化也将日益显著。

营销环境是企业营销活动的制约因素，营销活动依赖于这些环境才得以正常进行。这表现在：营销管理者虽然可以控制企业的大部分营销活动，但必须注意营销决策对环境的影响，不得超越环境的限制；营销管理者虽能分析、认识营销环境提供的机会，但无法控制所有有利因素的变化，更无法有效地控制竞争对手；由于营销决策与环境之间的关系复杂多变，营销管理者无法直接把握企业营销决策实施的最终结果。此外，企业营销活动所需的各种资源，需要从环境许可的条件下取得，企业生产与经营的各种产品，也需要获得消费者或用户的认可与接纳。

虽然企业营销活动必须与其所处的外部和内部环境相适应，但营销活动绝非只能被动地接受环境的影响，营销管理者应采取积极、主动的态度能动地去适应营销环境。就宏观环境而言，企业可以以不同的方式增强适应环境的能力，避免来自环境的威胁，有效地把握市场机会。在一定条件下，也可运用自身的资源，积极影响和改变环境因素，创造更有利于企业营销活动的空间。菲利普·科特勒的"大市场营销"理论即认为，企业为成功地进入特定的市场，在策略上应协调地使用经济的、心理的、政治的和公共关系等手段，以获得外国的或地方的各有关方面的合作与支持，消除壁垒很高的封闭型或保护型的市场存在的障碍，为企业从事营销活动创造一个宽松的外部环境。就微观环境而言，直接影响企业营销能力的各种参与者，事实上都是企业营销部门的利益共同体。企业内部其他部门与营销部门利益的一致，固不待言，按市场营销的双赢原则，企业营销活动的成功，应为顾客、供应商和营销中间商带来利益，并造福于社会公众。即使是竞争者，也存在互相学习、互相促进的因素，在竞争中，有时也会采取联合行动，甚至成为合作者。

第二节 市场营销环境的构成

市场营销环境的内容比较广泛,可以根据不同标志加以分类。基于不同观点,营销学者提出了各具特色的环境分析方法。这里采用菲利普·科特勒的微观环境和宏观环境划分方法,即市场营销环境包括微观环境和宏观环境。微观环境是指与企业紧密相连、直接影响企业营销能力的各种力量。宏观环境是指直接影响微观环境的一系列巨大的社会力量。其中,微观环境与宏观环境之间并不是并列关系,而是主从关系,即微观环境因素受制于宏观环境,微观环境因素受宏观环境因素中各种因素的影响。

一、微观市场营销环境

企业的微观营销环境是指与企业紧密相连、直接影响企业营销能力的各种力量,包括企业本身、市场营销渠道企业、顾客、竞争者和社会公众,如图 2-3 所示。营销活动能否成功,除营销部门本身的因素外,还要受这些因素的直接影响。

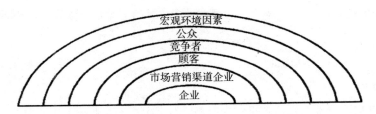

图 2-3 微观环境因素

(一)企业内部

企业为开展营销活动,必须设立某种形式的营销部门,而且营销部门不是孤立存在的,它还面对着其他职能部门以及高层管理部门,如图 2-4 所示。企业营销部门与财务、采购、制造、研究与开发等部门之间既有多方面的合作,也存在争取资源方面的矛盾。这些部门的业务状况如何,它们与营销部门的合作以及它们之间是否协调发展,对营销决策的制定与实施影响极大。高层管理部门由董事会、总经理及其办事机构组成,负责确定企业的任务、目标、方针政策和发展战略。营销部门在高层管理部门规定的职责范围内做出营销决策,市场营销目标从属于企业总目标,并为总目标服务的次级目标,营销部门制定的计划也必须在高层管理部门批准后才能实施。

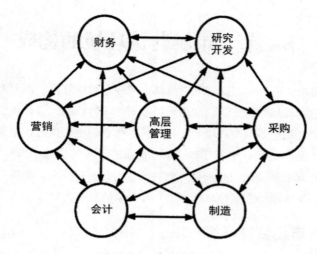

图 2-4　企业内部环境

　　市场营销部门一般由企业主管市场营销的副总经理、销售经理、推销人员、广告经理、营销研究与计划以及定价专家等组成。营销部门在制定和实施营销目标与计划时，不仅要考虑企业外部环境力量，而且要充分考虑企业内部环境力量，争取高层管理部门和其他职能部门的理解和支持。

（二）市场营销渠道企业

1. 供应商

　　供应商是向企业及其竞争者提供生产经营所需资源的企业或个人，包括提供原材料、零配件、设备、能源、劳务及其他用品等。供应商对企业营销业务有实质性的影响，其供应的原材料数量和质量将直接影响产品的数量和质量；所提供的资源价格会直接影响产品成本、价格和利润。在物资供应紧张时，供应商更起着决定性的作用。如企业开发新产品，若无开发新产品所需的原材料或设备的及时供应，就不可能成功；有些比较特殊的原材料和生产设备，还需供应商为其单独研制和生产。企业对供应商的影响力要有足够的认识，尽可能与其保持良好的关系，开拓更多的供货渠道，甚至采取逆向发展战略，兼并或收购供应者企业。为保持与供应商的良好合作关系，企业必须和供货人保持密切联系，及时了解供货商的变化与动态，使货源供应在时间上和连续性上能得到切实保证；除了保证商品本身的内在质量外，还要有各种售前和售后服务；对主要原材料和零部件的价格水平及变化趋势，要做到心中有数，应变自如。根据不同供应商所供货物在营销活动中的重要性，企业对为数较多的供货人可进行等级归类，以便合理协调，抓住重点，兼顾一般。

2. 营销中间商

　　营销中间商主要指协助企业促销、销售和经销其产品给最终购买者的机构，它包括商人中间商和代理中间商。

（1）商人中间商。即从事商品购销活动，并对所经营的商品拥有所有权的批发商、零售商等。

（2）代理中间商。即专门介绍客户或协助签订合同但不取得商品所有权的中间商，主要职能在于促成商品的交易，借此取得佣金收入。代理中间商包括专门代理购销收取佣金的商品经纪人，根据契约为制造商或委托人销售商品的代理商，专为委托人寻找国外货源或向国外推销产品的进出口代理商等。

3. 辅助商

（1）物流公司。主要职能是协助厂商储存并把货物运送至目的地的仓储公司。实体分配的要素包括包装、运输、仓储、装卸、搬运、库存控制和订单处理七个方面，其基本功能是调节生产与消费之间的矛盾，弥合产销时空上的背离，提供商品的时间效用和空间效用，以便于适时、适地和适量地把商品供给消费者。

（2）营销服务机构。即协助厂商推出并促销其产品到恰当的市场机构，如营销研究公司、广告公司、传播公司等。企业可自设营销服务机构，也可委托外部营销服务机构代理有关业务，并定期评估其绩效，促进提高创造力、质量和服务水平。

（3）财务中介机构。即协助厂商融资或保障货物购销储运风险的机构，如银行、保险公司等。财务中介机构不直接从事商业活动，但对工商企业的经营发展至关重要。在市场经济中，企业与金融机构关系密切，企业间的财务往来要通过银行结算，企业财产和货物要通过保险取得风险保障，而贷款利率与保险费率的变动也会直接影响企业成本，信贷来源受到限制更会使企业处于困境。

（三）市场

市场就是企业的目标顾客，是企业服务的对象，也是营销活动的出发点和归宿。企业的一切营销活动都应以满足顾客的需要为中心。因此，市场是企业最重要的环境因素。

为便于深入研究各类市场的特点，国内顾客市场按购买动机可分为四种类型，连同国际市场，企业面对的市场类型如图 2-5 所示。

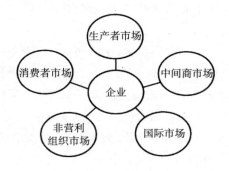

图 2-5　市场类型

消费者市场：购买商品和服务供自己消费的个人和家庭。

生产者市场：购买商品及劳务投入生产经营活动过程以赚取利润的组织。

中间商市场：为转售牟利而购买商品和劳务的组织。

非营利组织市场：为提供公共服务或转赠给需要者而购买商品和服务的政府机构和非营利组织。

国际市场：国外购买者包括消费者、生产者、中间商和非营利组织所成的市场。

上述各类市场都有其独特的顾客，他们不同的变化着的需求，要求企业以不同的方式提供相应的产品和服务，从而影响企业营销决策的制定和服务能力的形成。

（四）竞争者

企业不能独占市场，都会面对形形色色的竞争对手。企业要成功，必须在满足消费者需求和欲望方面比竞争对手做得更好。企业的营销系统总是被一群竞争者包围和影响着，必须识别和战胜竞争对手，才能在顾客心目中强有力地确定其所提供产品的地位，以获取战略优势。从顾客做出购买决策的过程分析，企业在市场上所面对的竞争者，大体上可分为以下四种类型：

（1）愿望竞争者，是指提供不同产品以满足不同需求的竞争者。消费者的需求是多方面的，但很难同时满足，在某一时刻可能只能满足其中的一个需求。消费者经过慎重考虑做出购买决策，往往是提供不同产品的厂商为争取该消费者成为现实顾客竞相努力的结果。

（2）属类竞争者，是指提供不同产品以满足同一种需求的竞争者。属类竞争是决定需求的类型之后的次一级竞争，也称平行竞争。例如，消费者为锻炼身体准备购买体育用品，他们要根据年龄、身体状况和爱好选择一种锻炼的方法，是买羽毛球拍和羽毛球，还是买游泳衣，或是买钓鱼竿，这些产品的生产经营者的竞争，将影响消费者的选择。

（3）产品形式竞争者，是指满足同一需要的产品的各种形式间的竞争。同一产品，规格、型号不同，性能、质量、价格各异，消费者将在充分收集信息后做出选择。如购买彩电的消费者，要对规格、性能、质量、价格等进行比较后再做出决策。

（4）品牌竞争者，是指满足同一需要的同种形式产品不同品牌之间的竞争。如购买彩电的顾客，可在同一规格进口各品牌彩电以及国产的长虹、海尔、康佳、TCL 等品牌之间作出选择。

产品形式竞争者和品牌竞争者是同行业的竞争者。在同行业竞争中，卖方密度、产品差异、进入难度都需要特别重视。卖方密度指同一行业或同类产品生产经营者的数目，直接影响企业市场份额的大小和竞争的激烈程度。产品差异指不同企业生产同类产品的差异程度，这种差异使产品各具特色而互相区别。进入难度指企业试图进入某行业时所遇困难的程度，不同的行业，所要求的技术、资金、规模等有所差别，将决定能否进入。

在竞争性的市场上，除来自本行业的竞争外，还有来自代用品生产者、潜在加入者、原材料供应者和购买者等多种力量的竞争。加强对竞争者的研究，了解对本企业形成威胁的主要竞争对手及其策略，力量对比如何，知己知彼，扬长避短，才能立于不败之地。

（五）公众

公众指对企业实现营销目标的能力有实际或潜在利害关系和影响力的团体或个人。企业面对广大公众的态度，会协助或妨碍企业营销活动的正常开展。所有的企业都必须采取积极措施，树立良好的企业形象，力求保持和主要公众之间的良好关系。如图2-6所示，企业所面临的公众主要有以下几种：

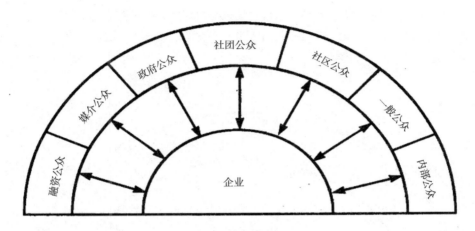

图 2-6　微观环境中的公众

（1）融资公众，是指影响企业融资能力的金融机构，如银行、投资公司、证券经纪公司、保险公司等。企业可以通过发布乐观的年度财务报告，回答关于财务问题的询问，稳健地运用资金，在融资公众中树立信誉。

（2）媒介公众。主要是指报纸、杂志、广播电台、电视台和互联网等大众传播媒体。企业必须与媒体组织建立友善关系，争取有更多更好的有利于本企业的新闻、特写以至社论。

（3）政府公众，是指负责管理企业营销业务的有关政府机构。企业的发展战略与营销计划，必须和政府的发展计划、产业政策、法律法规保持一致，注意咨询有关产品安全卫生、广告真实性等法律问题，倡导同业者遵纪守法，向有关部门反映行业的实情，争取立法有利于产业的发展。

（4）社团公众包括保护消费者权益的组织、环保组织及其他群众团体等。企业营销活动关系到社会各方面的切身利益，必须密切注意来自社团公众的批评和意见。

（5）社区公众，是指企业所在地邻近的居民和社区组织。企业必须重视保持与当地公众的良好关系，积极支持社区的重大活动，为社区的发展贡献力量，争取社区公众理解和支持企业的营销活动。

（6）一般公众，是指上述各种关系公众之外的社会公众。一般公众虽未有组织地对企业采取行动，但企业形象会影响他们的惠顾。

（7）内部公众。企业的员工，包括高层管理人员和一般职工，都属于内部公众。企业的营销计划，需要全体职工的充分理解、支持和具体执行。应经常向员工通报有关情况，介绍企业发展计划，发动员工出谋献策，关心职工福利，奖励有功员工，增强内部凝聚力。员工的责任感和满意度，必然传播并影响外部公众，从而有利于塑造良好的企业形象。

二、宏观市场营销环境

宏观营销环境指对企业营销活动造成市场机会和环境威胁的主要社会力量，包括人口、经济、自然、科学技术、政治法律以及社会文化等因素，如图2-7所示。这些主要社会力量代表企业不可控制的变量，企业及其微观环境的参与者，无不处于宏观环境力量的影响与制约之中。

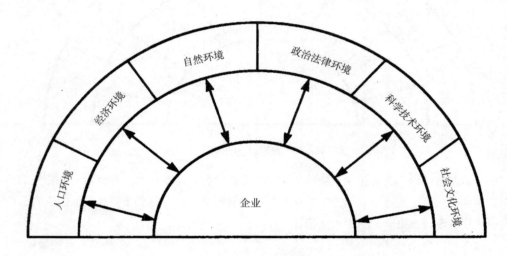

图2-7　宏观营销环境

（一）人口环境

人口是构成市场的第一位因素。市场是由有购买欲望同时又有支付能力的人构成的，人口的多少直接影响市场的潜在容量。从影响消费需求的角度，对人口因素可做如下分析：

1.人口总量

一个国家或地区的总人口数量的多少，是衡量市场潜在容量的重要因素。中国现有13亿人，相当于欧洲和北美洲人口的总和。随着社会主义市场经济的发展，人民收入不断提高，中国已被视作世界最大的潜在市场。

目前，世界人口环境正发生明显的变化，主要趋势是：

（1）联合国发布《2017年世界人口展望》称，世界人口现在为76亿人，每年增长约8300万人，预测2030年升至86亿人、2050年为98亿人、2100年为112亿人。印度将在 2024 年人口首次超过中国，成为世界上人口最多的国家。2050 年前增长最快的国家可能包括印度、尼日利亚、刚果、巴基斯坦、埃塞俄比亚、坦桑尼亚、美国、乌干达和印度尼西亚。

（2）美国等发达国家人口出生率下降，而发展中国家人口出生率上升，90% 的新增人口在发展中国家，使得这些国家人均所得的增加以及需求层次的升级受到影响。

2. 年龄结构

随着社会经济的发展，科学技术的进步，生活条件和医疗条件的改善，人口的平均寿命大大延长。人口年龄结构的变化趋势是：

（1）许多国家人口老龄化加速。人类寿命延长，死亡率下降，人口老龄化是当今世界发展的必然趋势。我国自 1999 年进入老龄社会，截止到 2015 年底，全国 60 岁以上老年人口数量已达 2.22 亿人，占全国总人口的 16.15%。预计到 2020 年，中国的老年人口将达到 2.48 亿人，老龄化水平将达到 17.17%；到 2050 年，中国的老年人总量将超过 4 亿人，老龄化水平将超过 30% 以上。随着老年人的绝对数和相对数的增加，银色市场日渐形成并扩大。

（2）出生率下降引起市场需求变化。美国等发达国家人口出生率下降，出生婴儿数和学龄前儿童减少，给儿童食品、童装、玩具等生产经营者带来威胁，但同时也使年轻夫妇有更多的闲暇时间用于旅游、娱乐和在外用餐。

3. 地理分布

人口在地区上的分布，关系市场需求的异同。居住不同地区的人群，由于地理环境、气候条件、自然资源、风俗习惯的不同，消费需求的内容和数量也存在差异。人口的城市化和区域性转移，会引起社会消费结构的变化。我国乡镇城市化的趋势日益加快，农村市场需求将有大的变化。

4. 家庭组成

家庭组成是指一个以家长为代表的家庭生活的全过程，也称家庭生命周期，按年龄、婚姻、子女等状况，可划分为七个阶段：①未婚期。年轻的单身者。②新婚期。年轻夫妻，没有孩子。③满巢期一。年轻夫妻，有 6 岁以下的幼童。④满巢期二。年轻夫妻，有 6 岁和 6 岁以上儿童。⑤满巢期三。年纪较大的夫妻，有已能自立的子女。⑥空巢期。身边没有孩子的老年夫妻。⑦孤独期。单身老人独居。

与家庭组成相关的是家庭人数，而家庭平均成员的多少又决定了家庭单位数，即家庭户数的多少。

家庭是社会的细胞，也是商品采购和消费的基本单位。一个市场拥有家庭单位和家庭平均成员的多少，以及家庭组成状况等，对市场消费需求的潜量和需求结构，都有十分重要的影响。随着计划生育、晚婚、晚育的倡导和实施，职业妇女的增多，单亲家庭和独身者的涌现，家庭消费需求的变化甚大。

5. 人口性别

性别差异给消费需求带来差异，购买习惯与购买行为也有差别。一般说来，在一个国家或地区，男、女人口总数相差并不大。但在一个较小的地区，如矿区、林区、较大的工地，往往是男性占较大比重，而在某些女职工占极大比重的行业集中区，则女性人口又可能较多。由于女性多操持家务，大多数日用消费品由女性采购，因此，不仅妇女用品可设专业商店销售，很多家庭用品和儿童用品也都纳入妇女市场。

（二）经济环境

经济环境一般指影响企业市场营销方式与规模的经济因素，如消费者收入与支出状况、经济发展状况等。

1. 收入与支出状况

（1）收入。收入因素是构成市场的重要因素，甚至是更为重要的因素。因为市场规模的大小，归根结底取决于消费者的购买力大小，而消费者的购买力取决于他们收入的多少。

在研究收入对消费需求的影响时，常应用以下概念：

①人均国内生产总值。一般指价值形态的人均 GDP。它是一个国家或地区，所有常住单位在一定时期内（如一年），按人口平均所生产的全部货物和服务的价值，超过同期投入的全部非固定资产货物和服务价值的差额。国家的 GDP 总额反映了全国市场的总容量、总规模。人均 GDP 则从总体上影响和决定了消费结构与消费水平。我国 2008 年的 GDP 总额为 4.222 万亿美元，位列美国和日本之后，居世界第 3 位，而人均 GDP 仅 3315 美元，在全球 209 个国家和地区中排名第 106 位，仍属于较低水平。

②个人收入是指城乡居民从各种来源所得的收入。各地区居民收入总额，可用以衡量当地消费市场的容量，人均收入多少，反映了购买力水平的高低。我国统计部门每年采用抽样调查的方法，来取得城镇居民家庭平均每人全部年收入，农村居民家庭平均每人全年总收入和纯收入等数据。

③个人可支配收入。从个人收入中，减除缴纳税收和其他经常性转移支出后，所余下的实际收入，即能够作为个人消费或储蓄的数额。

④可任意支配收入。在个人可支配收入中，有相当一部分要用来维持个人或家庭的生活以及支付必不可少的费用。只有在可支配收入中减去这部分维持生活的必需支出，才是个人可任意支配收入，这是影响消费需求变化的最活跃的因素。

（2）支出。主要指消费者支出模式和消费结构。收入在很大程度上影响着消费者支出模式与消费结构。随着消费者收入的变化，支出模式与消费结构也会发生相应变化。

1853—1880 年间，德国统计学家恩斯特·恩格尔 (Ernst Engel) 曾对比利时不同收入水平的家庭进行调查，并于 1895 年发表了《比利时工人家庭的日常支出：过去和现在》一文，分析收入增加影响消费支出构成的状况，指出收入的分配与收入水平相适应形成一定比率，此比率依照收入的增加而变化。在将支出项目按食物、衣服、房租、燃料、教育、卫生、娱乐等费用分类后，发现收入增加时各项支出比率的变化情况为食物费所占比率趋向减少，教育、卫生与休闲支出比率迅速上升，这便是恩格尔定律。食物费占总支出的比例，称为恩格尔系数。一般认为，恩格尔系数越大，生活水平越低；反之，恩格尔系数越小，生活水平越高。

研究表明，消费者支出模式与消费结构，不仅与消费者收入有关，而且受以下因素影响：①家庭生命周期所处的阶段；②家庭所在地址与消费品生产、供应状况；③城市化水平；④商品化水平；⑤劳务社会化水平；⑥食物价格指数与消费品价格指数变动是否一致等。中国近几年推进住房、医疗、教育等改革，个人在这些方面的支出增加，无疑影响恩格尔系数的变化。

（3）消费者的储蓄与信贷。

①储蓄是指城乡居民将可任意支配收入的一部分储存待用。储蓄的形式，可以是银行存款，可以是购买债券，也可以是手持现金。较高储蓄率会推迟现实的消费支出，加大潜在的购买力。我国人均收入水平虽不高，但储蓄率相当高，从银行储蓄存款余额的增长趋势看，国内市场潜量规模甚大。

②信贷是指金融或商业机构向有一定支付能力的消费者融通资金的行为。主要形式有短期赊销、分期付款、信用卡结算等。消费信贷使消费者可凭信用卡取得商品使用权，再按约定期限归还贷款。消费信贷的规模与期限在一定程度上影响着某一时限内现实购买力的大小，也影响着提供信贷的商品的销售量。如购买住宅、汽车及其他昂贵消费品，消费信贷可提前实现这些商品的销售。

2. 经济发展状况

企业的市场营销活动要受到一个国家或地区经济发展状况的制约，在经济全球化的条件下，国际经济形势也是企业营销活动的重要影响因素。

（1）经济发展阶段。经济发展阶段的高低，直接影响企业市场营销活动。经济发展阶段高的国家和地区，着重投资于较大的、精密的、自动化程度高的、性能好的生产设备；在重视产品基本功能的同时，比较强调款式、性能及特色；大量进行广告宣传及营业推广活动，非价格竞争较占优势；分销途径复杂且广泛，制造商、批发商与零售商的职能逐渐独立，小型商店的数目下降。美国学者罗斯托（W.W.Rostow）的经济成长阶段理论，把世界各国的经济发展归纳为五种类型：①传统经济社会；②经济起飞前的准备阶段；③经济起飞阶段；④迈向经济成熟阶段；⑤大量消费阶段。凡处在前三个阶段的国家称为发展中国家，而处于后两个阶段的国家则称为发达国家。

（2）经济形势。就国际经济形势来说，2008年9月，美国华尔街的金融风暴席卷全球，进而波及实体经济，逐渐演变成全球性的经济危机。这场经济危机影响到全世界，也给中国经济带来巨大影响。从2008年第四季度开始，我国长三角和珠三角地区的众多出口外向型企业由于国外订单减少，纷纷破产倒闭，我国经济形式也遭受了空前的打击，第四季度我国 GDP 增速下降为 6.8%。在危机面前，我国政府采取了加大投资、扩大内需等措施，出台了十大产业振兴政策，逐渐使我国经济走出低谷，2009 年实现 GDP 增长 8.7%，也为世界经济的复苏做出了自己的贡献。我国经济的高速发展，极大地增强了中国的综合国力，显著地改善了人民生活。同时，国内经济生活中，也还存在一些困难和问题，如经济发展不平衡，产业结构不尽合理，就业问题压力很大，等等。所有这些国际、国内的经济形势，国家、地区乃至全球的经济繁荣与萧条，对企业市场营销都有重要的影响。问题还在于国际或国内经济形势都是复杂多变的，机遇与挑战并存，企业必须认真研究，力求正确认识与判断，制定相应营销战略和计划。

（三）自然环境

主要指营销者所需要或受营销活动所影响的自然资源。营销活动要受自然环境的影响，也对自然环境的变化负有责任。营销管理者当前应注意自然环境面临的难题和趋势，如很多资源短缺、环境污染严重、能源成本上升等，因此，从长期的观点来看，我们应该保护自然环境。人类只有一个地球，自然环境的破坏往往是不可弥补的，企业营销战略中实行生态营销、绿色营销等，都是维护全社会的长期福利所必然要做的。

（四）政治法律环境

1. 政治环境

政治环境指企业市场营销的外部政治形势。在国内，安定团结的政治局面，不仅有利于经济发展和人民币收入的增加，而且影响群众心理状况，并且会导致市场需求的变化。党和政府的方针、政策，规定了国民经济的发展方向和速度，也直接关系到社会购买力的提高和市场消费需求的增长变化。对国际政治环境的分析，应了解"政治权力"与"政治冲突"对企业营销活动的影响。政治权力影响市场营销，往往表现为由政府机构通过采取某种措施来约束外来企业，如进口限制、外汇控制、劳工限制、绿色壁垒，等等。政治冲突指国际上的重大事件与突发性事件，这类事件在和平与发展为主流的时代下从未绝迹，对企业市场营销工作影响或大或小，有时带来机会，有时带来威胁。

2. 法律环境

法律环境指国家或地方政府颁布的各项法规、法令和条例等。法律环境对市场消费需求的形成和实现，具有一定的调节作用。企业研究并熟悉法律环境，既可保证自身严格依法管理和经营，也可运用法律手段保障自身的权益。

各个国家的社会制度不同，经济发展阶段和国情也就不同，体现的统治阶级意志的法制也就不同，从事国际市场营销的企业，必须对有关国家的法律制度和有关的国际法规、国际惯例和准则，进行学习研究并在实践中遵循。

（五）科学技术环境

科学技术是第一生产力，科技的发展对经济的发展有巨大的影响，不仅直接影响企业内部的生产和经营，还同时与其他环境因素互相依赖、互相作用，给企业营销活动带来有利与不利的影响。例如，一种新技术的应用，可以为企业创造一个明星产品，产生巨大的经济效益；也可以迫使企业的一种成功的传统产品，不得不退出市场。新技术的应用，会引起企业市场营销策略的变化，也会引起企业经营管理的变化，还会改变零售业业态结构和消费者购物习惯。

当前，世界新科技革命正在兴起，生产的增长越来越多地依赖科技进步，产品从进入市场到市场成熟的时距不断缩短，高新技术不断改造传统产业，这加速了新兴产业的建立和发展。值得注意的是，高新技术的发展促进了产业结构趋向尖端化、软性化、服务化，营销管理者必须更多地考虑应用尖端技术，重视软件开发，加强对用户的服务，适应知识经济时代的要求。

（六）社会文化环境

社会文化主要指一个国家、地区的民族特征、价值观念、生活方式、风俗习惯、宗教信仰、伦理道德、教育水平、语言文字等的总和。文化对企业营销的影响是多层次、全方位、渗透性的。主体文化是占据支配地位的，起凝聚整个国家和民族的作用，是由千百年的历史所形成的文化，包括价值观、人生观等；次级文化是在主体文化支配下所形成的文化分支，包括种族、地域、宗教等。文化对市场营销的影响是多方面的，对所有营销的参与者都有着重大影响。它不仅影响企业营销组合，而且影响消费心理、消费习惯等，这些影大多是通过间接的、潜移默化的方式来进行的。这里择要分析以下几方面：

（1）教育水平。教育程度不仅影响劳动者收入水平，而且影响着消费者对商品的鉴别力，影响消费者心理、购买的理性程度和消费结构，从而影响着企业营销策略的制定和实施。

（2）宗教信仰。人类的生存活动充满了对幸福、安全的向往和追求。在生产力低下，人们对自然现象和社会现象迷惑不解的时期，这种追求容易带着盲目崇拜的宗教色彩。沿袭下来的宗教色彩，逐渐形成一种模式，影响人们的消费行为。

（3）价值观念是指人们对社会生活中各种事物的态度和看法。不同的文化背景下，价值观念差异很大，影响着消费需求和购买行为。对于不同的价值观念，营销管理者应研究并采取不同的营销策略。

（4）消费习俗是指历代传递下来的一种消费方式，是风俗习惯的一项重要内容。消费习俗在饮食、服饰、居住、婚丧、节日等方面都表现出独特的心理特征和行为方式。

（5）消费时潮。由于社会文化多方面的影响，使消费者产生共同的审美观念、生活方式和情趣爱好，从而导致社会需求的一致性，这就是消费时潮。消费时潮在服饰、家电以及某些保健品方面，表现最为突出。消费时潮在时间上有一定的稳定性，但有长有短，有的可能几年，有的则可能是几个月；在空间上还有一定的地域性，同一时间内，不同地区时潮的商品品种、款式、型号、颜色可能不尽相同。

第三节 市场营销环境的综合分析

通过对企业营销的微观环境和宏观环境的分析与研究，对企业营销环境有了初步认识，在此基础上，还应对企业市场营销环境进行综合分析，以便对营销环境做出总体评价，为营销战略的制定提供可靠的依据。

一、环境扫描

所谓环境扫描，就是从市场营销环境中辨别出对企业营销有影响的、能反映环境因素变化趋势的某些事件。市场营销环境总是处于动态变化之中，但并不是所有的环境变化都会对企业产生影响；即使对企业可能产生影响的环境变化，其影响的性质和程度也不尽相同，这就需要通过环境扫描对其进行识别。因此，环境扫描是企业进行环境分析的第一步。

环境扫描工作通常由企业高层领导召集或聘请企业内外熟悉市场环境的专家进行，由若干专家组成环境分析小组，通过科学系统的调查研究，将所有可能影响企业营销的环境因素及其变化一一罗列，逐一评审；然后通过分析、预测，从中筛选出分析小组一致认定的将对企业营销有较大影响的环境变化趋势及其相关事件，作为企业重点关注和跟踪监测的对象。

二、环境分析与评价

经过环境扫描，甄别出环境中对企业可能产生影响的各种市场因素后，需要对这些影响因素和力量的影响方向、影响程度与影响方式进行评价，以便为后续的决策做参考依据。常用的评价方法有列表评价法、机会威胁评价法和SWOT评价法等，这里采用机会威胁评价法进行分析。

（一）环境威胁与市场机会

市场营销环境的变化一方面可能对企业构成环境威胁；另一方面，也可能给企业带来市场机会，从而影响企业营销活动。

1. 环境威胁

环境威胁是指环境中不利于企业营销的因素和发展趋势，对企业形成挑战，对企业的市场地位构成威胁。这种挑战可能来自国际经济形势的变化，如1997年爆发的东南亚金融危机，给世界多数国家的经济和贸易带来负面影响；也可能来自社会文化环境的变化，如近年来国内外对环境保护要求的提高，一些国家实施"绿色壁垒"，这些对某些生产不完全符合环保要求的产品的企业而言，无疑是一种严峻的挑战。

2. 市场机会

市场机会是指对企业营销活动富有吸引力、企业拥有竞争优势的领域。这些机会可以按其吸引力大小以及每一个机会可能获得成功的概率来加以分类。

（二）机会——威胁分析

面对威胁程度不同和市场机会不同的营销环境，企业需要通过环境分析来评估环境机会与环境威胁。企业最高管理层可采用"机会分析矩阵图"和"威胁分析矩阵图"来分析、评价营销环境。

1. 机会分析

机会分析主要考虑其潜在的吸引力（营利性）和成功的可能性（企业优势）的大小。其分析矩阵如图 2-8 所示。

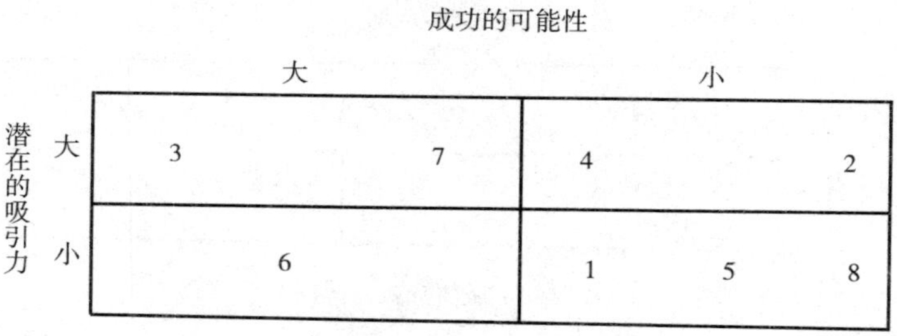

成功的可能性

		大		小	
潜在的吸引力	大	3	7	4	2
	小	6		1	5　8

图 2-8　机会分析矩阵图

在图 2-8 中，处于 3、7 位置的机会，潜在的吸引力和成功的可能性都大，有极大可能为企业带来巨额利润，企业应把握战机，全力发展；而处于 1、5、8 位置的机会，不仅潜在利益小，成功的概率也小，企业应改善自身条件，注视机会的发展变化，审慎而适时地开展营销活动。

需要强调的是，对市场机会的分析，还必须深入分析机会的性质，以便企业寻找对自身发展最有利的市场机会。下面简要分析各种机会的性质及其相互关系，以便决策者能更好地认识和把握相关机会。

（1）环境市场机会与企业市场机会。市场机会实质上是"未满足的需求"。伴随着需求的变化和产品生命周期的演变，会不断出现新的市场机会。但对不同企业而言，环境机会并非都是最佳机会，只有理想业务和成熟业务才是最适宜的机会。

（2）行业市场机会与边缘市场机会。企业通常都有其特定的经营领域，出现在本企业经营领域内的市场机会，即行业市场机会；出现于不同行业之间的交叉与结合部分的市场机会，则称之为边缘市场机会。一般说来，边缘市场机会的业务，进入难度要大于行业市场机会的业务，但行业与行业之间的边缘地带，有时会存在市场空隙，企业在发展中也可用以发挥自身的优势。

（3）目前市场机会与未来市场机会。从环境变化的动态性来分析，企业既要注意发现目前环境变化中的市场机会，也要面对未来，预测未来可能出现的大量需求或大多数人的消费倾向，发现和把握未来的市场机会。

（4）全面的机会与局部的机会。市场从其范围来说，有全面的、大范围的市场和局部的、小范围的市场之分。全面的机会是在大范围市场，如国际市场、全国性市场上出现的机会；局部的机会则是在局部市场，如某个特定地区出现的尚待满足的需求。全面的机会对各个企业都有普遍意义，因为它反映环境变化的一种普遍趋势；局部的机会对进入特定市场的企业有特殊意义，因为它意味着这个市场的变化有别于其他市场的趋势。

2. 威胁分析

对环境威胁的分析，一般着眼于两个方面：一是分析威胁的潜在严重性，即影响程度；二是分析威胁出现的可能性，即出现概率。其分析矩阵如图 2-9 所示。

影响程度 \ 出现概率	高	低
大	3　5	1　6
小	2　4　8	7

图 2–9　威胁分析矩阵图

在图 2-9 中，处于 3、5 位置的威胁出现的概率和影响程度都大，必须特别重视，制定相应对策；处于 7 位置的威胁出现的概率和影响程度均小，企业不必过于担心，但应注意其发展变化；处于 1、6 位置的威胁出现概率虽小，但影响程度较大，必须密切注意监视其出现与发展；处于 2、4、8 位置的威胁影响程度较小，但出现的概率大，也必须充分重视。

用上述矩阵法分析、评价营销环境，可以界定企业所经营的业务，从而可能出现四种不同的结果：理想的业务；冒险的业务；成熟的业务和困难的业务，如图 2-10 所示。

机会水平 \ 威胁水平	低	高
高	理想业务	冒险业务
低	成熟业务	困难业务

图 2–10　环境分析综合评价图

三、企业市场营销对策

企业通过对环境的分析，可以找出重大的发展机会和避开重大的威胁来改进企业的营销，谋求企业的发展。那么，面对市场机会与市场威胁最高管理层应做出什么反应或采取什么对策？

首先，对企业所面临的市场机会，最高管理层必须慎重地评价。

有需要未必有市场，有市场未必有顾客，或者虽然有市场也有顾客，但这一切未必是某一企业的机会。环境机会对不同企业有不同的影响力，企业在每一特定的市场机会中成功的概率，取决于其业务实力是否与该行业所需要的成功条件相符合。面对市场机会，一方面，要考察本企业是否具备利用该机会实现营销目标所必需的资源和条件；另一方面，还要比较本企业是否能比竞争者利用同一市场机会获得较大的"差别利益"。只有同时具备以上两条，企业才可能把"市场机会"变成"企业机会"。

营销者在面临市场机会时特别要防止"误舍"和"误取"两种错误。"误舍"会使企业失去一次绝好的发展机遇，给企业带来机会损失；而"误取"则会使企业掉入"机会陷阱"，因为企业要在研究开发上做必要的投资，从而给企业带来现实损失。机会陷阱经常出现，因为机会是建立在预见、预测的基础上的，总带有不同程度的不确定性从而具有风险。因此，不仅开发研究人员对重大机会的估计要持慎重态度，企业高层决策者尤其要慎重决策，谨防掉入"机会陷阱"。

其次，当企业面临重大威胁时，最高管理层尤其要慎重决策、小心应对。这里有三种可供选择的对策：一是对抗。即试图限制或扭转不利因素的发展。例如，西方国家的烟草公司可以疏通议员通过一个法令，从而允许人们在公共场所随意吸烟；再如，长期以来，日本的汽车、家用电器等工业品源源不断地流入美国市场，而美国的农产品却遭到日本贸易保护政策的威胁，美国政府为了对付这一严重的环境威胁，一方面，在舆论上提出美国的消费者愿意购买日本优质的汽车、电视、电子产品，为何不让日本的消费者购买便宜的美国产品；另一方面，美国向有关国际组织提出了起诉，要求仲裁，同时提出，如果日本政府不改变农产品贸易保护政策，美国对日本工业品的进口也要采取相应的措施。结果，扭转了不利的环境因素。二是缓解。即通过调整市场营销组合等来改善环境适应，以缓解环境威胁的严重性。例如，当可口可乐的年销售量达 300 亿瓶时，在美国的饮料市场上突然杀出了百事可乐。它不仅在广告费用的增长速度上紧跟可口可乐，而且在广告方式上也针锋相对"百事可乐是年轻人的恩赐，青年人无不喝百事可乐"。其潜在台词很清楚，即"可口可乐是老年人的，是旧时代的东西。"可口可乐面对这种威胁，及时调整市场营销组合，来缓解环境威胁的严重性，一方面，聘请社会上的名人，对市场购买行为新趋势进行分析，采用更加灵活的宣传方式，向百事可乐展开了宣传攻势；另一方面，花费比百事可乐多 50% 的广告费用，与之展开了一场广告战，力求将广大消费者吸引过来。经过上述努力，收到了一定的效果。三是转移。即决定转移到其他赢利更多的行业或市场。例如，烟草公司可以适当减少香烟业务，增加其他业务，实行多元化经营。

第三章　营销战略与营销改革

第一节　营销战略

一、营销战略的定义

战略 (Strategy) 原是军事用语，在早期希腊的军事著作中，战略的意思是"有效利用资源以摧毁敌人的规则。"20 世纪 70 年代后，商品经济发达，市场环境变化剧烈，竞争空前激烈，这一军事思想逐步被引入到企业管理中，用以在激烈的市场竞争中占据有利地位。

菲利普·科特勒认为企业的营销战略计划是在组织目标、技能、资源和它的各种变化市场机会之间建立与保持一种可行的适应性管理的过程。战略计划的目标就是塑造和不断调整公司业务与产品，以期获得目标利润和发展。

哈佛大学的管理学教授迈科尔·波特对战略的定义简洁而直指核心，战略是企业为之奋斗的一些终点与企业为达到它们而寻求的方法的总称。

综合以上观点，本书认为营销战略是企业为实现自己的任务和目标所制定的带有长期性、全局性、方向性的规划，是一个创立并维持组织与其外部不断变化的市场机会相适应的管理过程。这一定义包含三个内容：首先，战略是为了达成某种目标而制定的，因此要制定目标；其次，要有实现目标的途径和方法，即需要进行战略途径选择决策；最后，战略是目标、途径和方法的有机结合，是一个整体。

二、营销战略的主要内容和特点

（一）营销战略的内容

1. 在何处竞争

在何处竞争 (Where) 也就是市场的范围问题。例如，是选择进入通信产业，还是选择进入食品行业；是覆盖整个市场还是只进入一个或多个细分市场等。

2. 何时竞争

何时竞争 (When) 也就是进入市场的时机。例如，是首先进入市场甚至是开发市场做市场的领导者，还是等待市场需求建立以后再跟进。如著名的 SONY 公司常常做市场的开发者，而松下公司则常常以一种跟进者的姿态进入市场。

3. 如何竞争

如何竞争 (How) 就是竞争的手段。例如，推出何种产品组合来满足消费者的需要，为现有的产品建立一种新的形象以吸引消费者，采取低成本低价格手段竞争或采取差异化竞争手段等。

（二）营销战略的特点

1. 全局性

战略是根据企业希望实现的目标而定，规定的是企业的整体行为，追求的是企业整体效果。为了实现目标常常需要企业的各个部门协同工作，才能很好地完成企业目标。因此，企业的战略往往包括了各个职能部门，具有全局性的特点。

2. 长期性

这也是战略与战术的区别所在，在制定企业战略的时候要充分考虑内部和外部环境，战略考虑的是未来较长时间的发展方向和规划，因此，战略规划包含比较广泛，包含所有为适应环境、条件所制定的一定时期内基本不变的目标和方案。战术是针对当前形势，为了成功的实现战略目标而采取的短期行为。战术会经常频繁地变动，而战略一旦制定，在很长的时间内都不会改变。

3. 竞争性

企业战略是关于企业在激烈的竞争中如何与对手抗衡的行动方针，也是针对各方的冲击、压力、威胁和困难，接受挑战并实现目标的基本安排。这与那些单纯为了增加企业经济效益、提高管理水平的计划不同，这方面的工作只有与提高企业竞争力和企业长远发展相关、具有战略意义时才可以看作是战略计划的内容。

4. 系统性

战略规定的是企业的长远目标、发展方向，确定企业的基本方针、重大措施和基本步骤；这些不是具体的行动方案，而是有原则性、概括性和纲领性意义的长远规划。

三、营销战略的重要性

进入 20 世纪 80 年代以后，营销战略已经成为关系到企业的命运、全局的成败的重要因素，如果说 20 世纪 50 年代以前企业管理的重心是生产，20 世纪 60 年代的重心是市场，20 世纪 70 年代的重心是财务，那么，从 20 世纪末直到现在，企业管理的重心则是战略，这一重心的转移和时代的背景是有密切关系的。其原因主要表现为以下几个方面：

首先，科技技术的飞速发展，使得科学新发现或新的发明转化为社会生产力的生命周期越来越短，从而使生产设备和产品更新速度大大提高，这一客观事实，迫使任何一个企业的管理者必须要有很强的战略思想，认识和预见到技术的发展可能带来的机遇和挑战，才能做出正确的决策。

其次，随着社会经济和消费者收入水平的不断提高，消费者的需求日益变化，新的需求层出不穷。市场要求企业的产品是具有更多的品种、更高的质量和服务水平。因此，企业必须不断着眼于消费者潜在的和未来的需求。任何一个企业如果不能跟上消费者不断发展和变化的需求，就会被市场淘汰。

最后，社会政治和经济形势复杂多变，突发事件多，这些都给企业的生存发展带来了新的机会和挑战，使企业必须预见到可能出现的变化和影响。如 20 世纪的经济滞胀、能源危机、通货膨胀等，对于宏观经济和微观主体的企业都产生了重大的影响。

在这样的背景下，企业对营销战略的重视提高到了一个前所未有的高度。各个企业高层管理人员最重要的工作就是制定企业的战略。

四、制定营销战略的意义

企业的日常生产和运作，与市场环境发生着密切的关系。如果市场环境是稳定不变而且所有事情都是可预知的，那么企业可以放心的沿着既定的路线走下去。但是，在大多数情况下，市场环境受到经济、政治、自然等因素的影响，在不断地变化着。有些时候甚至是激烈的变化，如 IT 产业，每天都有无数的技术和无数的新公司诞生，同时有无数的技术和公司被淘汰。在这种情况下，企业必须调整自己的经营方向和经营策略来适应环境的变化，以把握住出现的机会和避免潜在的危机，从而实现自身利益的最大化。

营销战略对企业的发展前景意义重大。即使是大型跨国企业，如果制定战略不当，也会陷入困境，甚至面临着破产倒闭的危险。

制定营销战略，对企业的市场营销活动进行规划、指导和约束，对于企业来说具有以下意义：

（一）使企业的营销活动得到整体的规划和统一的安排

实现"市场营销观念"要求企业活动目标一体化。也就是说，营销战略计划使企业的各部门、营销工作的各个环节都能按统一的目标来运行，得到一个协调性的运转机制。这样才会为企业的营销活动的有效性提供相应的保证。

（二）提高企业对资源利用的效率

营销战略计划本身就是从诸多可以达到既定目标的行动方案中，选择一个对于企业当前的情况来说是最好的方案。因此，凡是制定得合理和正确，并得到了正确贯彻执行的营销战略计划，都能够保证企业的资源得到最有效的配置和最充分的利用。

（三）增强营销活动的稳定性

由于营销外部环境的不断变化，企业的营销战术活动也需不断地相应变化或调整。但是，一切战术问题的调整和变化必须也应该是为了实现或有利于实现既定的企业总体任务和目标。对战术问题的调整，不应是盲目的、随心所欲的或仓促被动的。因此，只有在营销战略计划的规定下，营销企业才能够主动地、有预见地、方向明确地按营销环境的变化来调整自己的营销战术，才能减少被动性、盲目性，处变不惊，使企业始终能够在多变的营销环境中按既定的目标稳步前进。

（四）为企业的营销管理工作提供依据和提高管理工作的有效性

企业的管理决策层需对企业的各项工作实施有效的管理，要使被管理部门都能自觉地接受管理，就必须有人人都明确和知晓的管理依据（法治方法）。就处于市场经济中的企业来说，营销管理必将成为企业最重要的管理内容和职能。而营销战略计划由于规定了营销活动的任务和目标以及实现的要求和方法，就为企业管理阶层对营销活动的管理提供了纲领，为日常的管理活动提供了依据，同时，也使被管理者明白其工作的成效是怎样衡量的、应如何行动。所以，有了营销战略计划的规定，就可以使企业的营销活动有统一的组织、指挥、协调和控制，从而提高了对营销活动管理的有效性。是企业参加市场竞争的有力武器。

（五）是企业员工参与管理的重要途径

从管理的原理来说，管理必须强调统一意志、统一指挥。但是，管理工作也同时强调应极大地调动被管理者的积极性和创造性。在具体的管理操作中，对于全局性的谋划、对于战略的制定，是最需要集思广益、需要企业人员上下同心、明确奋斗目标的。因此，在战略计划工作中吸收广大职工参与，不仅体现了管理的民主性，也便于管理者吸收群众的智慧，使企业的所有员工都能明白企业的发展远景和奋斗目标，增强企业职工对企业的向心力和凝聚力。

第二节　营销战略的制定过程

企业战略规划过程一般包括以下四个步骤：首先是在整体层次上界定企业使命；其次是根据企业任务的要求建立战略业务单位；再次是规划投资组合；最后是计划新业务。

一、确立企业的使命和任务

企业使命是指企业的任务、目标和企业的性质。一个企业的存在是为了在特定的环境中完成某项任务，当企业规定或调整任务和编写正式任务书时，应首先明确企业经营的业务是什么？目标顾客是谁？顾客最需要的是什么？本企业将来经营的业务是什么？管理人员应明确任务，并向全体员工解释清楚，这样有利于充分调动员工的积极性，并指引全体员工朝着一个方向努力。

影响公司使命的主要因素有以下四种：

（一）公司的发展历史

在企业发展过程中企业累积了一些经验，留下了不少可以利用的财富，如消费者熟知的某种品牌，某些类型产品的技术人才等，因此，企业在规定或调整任务时，应注意和过去历史的突出特征保持一致。在面对新的市场环境时，即使这个市场有良好的前景，如果不能让企业发挥特长，也应该慎重考虑。了解和尊重企业的历史，才能在制定新的战略任务时，充分发挥企业的潜在优势。

（二）现有主要管理决策者的偏好

企业的战略直接决定者是企业当前的高层管理者，而每个管理者都有自己的职业背景、性格特征、专业特长、个人偏好等个人特质，这些特质在管理者做出战略决策时，不可避免地会对其产生影响，这样便于管理者在自己所擅长的领域很好发挥，但缺点是有时不够客观，会浪费一些不符合管理者偏好的但很好的机会。

（三）环境因素

企业作为社会经济生活中的一个有机体，其经营活动受市场环境的直接影响。市场环境某些因素的变化甚至会对企业的经营活动产生决定性的影响。例如20世纪70年代的能源危机，石油价格大幅上升，使美国的大型汽车的销售跌入低谷，市场占有率下降；而日本抓住出现的机会，大力发展小型省油车，一举打入美国市场，抢占了大量的市场份额。可见市场环境的变化对企业战略的制定产生直接的影响。好的营销战略应该能充分利用出现的机会使企业得到发展，并且避开风险，尤其是对企业产生毁灭性打击的风险。

（四）企业的资源

这里的企业资源是广义的资源，不仅包括企业的资金、人力、生产资料等一般意义上的资源，还包括企业的管理水平、企业文化、社会形象、品牌形象、掌握的专利技术及融资能力等这些软件资源。企业战略一方面受限于其所掌握的资源——资源决定了战略能否顺利完成；另一方面，如果制订的计划不能把企业的资源完全利用起来，对资源也是一种浪费。因此，成功的战略是既不超过资源允许的范围，又能充分利用现有的资源。

在确定了公司使命后，许多组织都将他们的组织使命用文字记录下来，成为编制企业任务计划书的依据。任务计划书的作用有：

（1）给公司一个清晰的目的和方向，以免公司步入歧途。

（2）任务计划书叙述公司的目标，以和其他类似的企业有所区别。

（3）任务计划书专注于顾客需要，而非企业自己的技术和能力。

（4）任务计划书为高层管理人员提供在选择不同的行动路线时的特定方向和目标。

（5）任务计划书提供了指引公司员工和管理人员行为和思考的规范，使公司具有凝聚力。

在编写任务计划书时应注意以下问题：

1. 切实可行

任务计划书确定的任务不要过于宽泛，否则失败的可能性很大。也不应过窄——前面已经提到，这样会浪费企业的资源。企业应该以市场为导向，对自己的业务进行适当的定位。

2. 任务书应具体、明确

这就要求公司管理当局在任务书中规定明确的方向和指导路线，以缩小各个工作人员自由处理的权限范围。如在任务书中要明确规定有关工作人员如何对待供应商、顾客、经销商和竞争者，使全体员工在处理一些重大问题上有一个统一的准则可以遵循。

3. 应有激励性任务书

激励性任务书的一个重要的副产品就是它能起到激励员工的作用，通过设置合理而富有挑战性的目标，使员工更有工作的积极性，同时还能使员工们感到自己的工作有利于提高社会福利。例如，为生产化肥的平凡工作赋予"提高农业生产力以解决全球饥饿问题"这一崇高使命时，就很富有挑战性和鼓舞性。

4. 任务书随环境的变化而修订

前面曾说过营销战略具有长期性，但这不意味着战略就是一成不变的。战略的根本目的是为了更好地适应环境以求得发展。当环境发生改变时，企业的战略也应该相应地做出反应。或当最初战略出现明显的失误时，也应该果断地调整。因此，企业的任务有一定的相对稳定性，不能随便改变，但也不是一成不变，当企业任务不适应目前形势时还是要根据情况进行修订。

二、建立战略业务单位 (SBU)

在编写计划任务书后，要对企业的每一项业务进行设计和规划，以便进行战略管理。在对企业的业务进行分析的时候，首先要规定业务的性质。在现代营销观念中，公司必须以市场导向来界定公司的业务。也就是说，要把企业经营看成是一个顾客需要的满足过程，而不是一个产品的生产过程。产品是短暂的，经过一定的生命周期后就会消亡，而基本需要和消费者却是永恒的。企业管理当局在制订业务产品投资组合计划中，首先要把所有的业务分成若干"战略业务单位"(Strategic Business Units，简称 SBU)，在此之前，必须对业务进行明确的界定。

那么什么样的业务我们可以把它归为一类，而将其他的分为另一类呢？可以从以下三点出发来对业务加以确认：

（1）企业所要服务的顾客群，即明确市场类型。

（2）企业所要满足的顾客需要。

（3）企业用以满足顾客的技术和方法。

例如，一家生产电视机的企业，它的顾客群是各类需要观看电视的人。顾客的需要是清晰的图像和声音，满足顾客需要的技术是电子技术。企业可从以上三点来扩大或缩小业务范围。如它可以降低价格，使更多的顾客能够买得起电视机；它可以提供和电视机相关的产品，如 VCD、录像机、DVD、组合家庭影院等，满足顾客更多地需要；它还可以采用更新的技术如数字技术，生产高清晰数码电视等。

在编写计划任务书后，企业战略规划过程的第二个步骤是建立战略业务单位。因为公司资源是有限的，必须根据资源状况和业务需要确定合适的战略业务单位。

由于大多数企业，包括一些较小的企业都可能同时经营若干业务。在划分了不同的业务内涵和范围之后，就可以建立战略业务单位。所谓战略业务单位是指具有单独任务和目标，并可以单独制订计划而不与其他业务发生牵连的一个经营单位。一个战略业务单位可以是企业的一个部门或一个部门内的一个产品系列，有时也可以是一种产品或品牌。

战略业务有如下特征：

（1）它是一项单独的业务或一组相关的业务。

（2）它有不同的任务，可以独立计划或在使命上可以区别于公司的其他业务。

（3）它有自己的竞争者。

（4）它有自己的专职经理负责战略规划。

（5）拥有一定的资源支配权。

（6）可以独立计划其他业务。

三、规划投资组合

在建立了 SUB 之后，制定企业战略的第三步是分析业务投资组合。之所以要有这个步骤，是因为企业的资源有限，各个战略业务单位的发展机会也不同，因此，企业有必要对各个机会进行分析和评价，进而决定哪些业务应该发展，哪些应该维持，而哪些应该舍弃，这就是分析现有业务组合的作用。

分析业务投资组合常用的工具是波士顿矩阵分析法。

波士顿是美国著名的企业管理咨询公司，它提出以"市场增长率——市场占有率"两个指标来对企业的业务组合进行评估，又称 BCG 法 (Boston Consulting Group)，如图 3-1 所示。

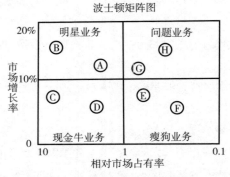

图 3-1 增长率—占有率矩阵

图 3-1 中，八个圆圈表示公司的八个战略业务单位，圆圈的大小与战略业务单位销售额成正比。因此 4 和 5 是两项最大的业务。每个战略业务单位的位置由其市场增长率和相对市场占有率确定。

图中的纵坐标表示各战略业务单位的年市场增长率，用百分比表示，超过 10% 作为高增长率，低于 10% 作为低增长率。图中的横坐标是相对市场占有率，表示各战略业务单位的市场占有率与同行业最大的竞争者的市场占有率之比。

相对市场占有率 = 某项业务的销售额／最大竞争对手的销售额

如果某战略业务单位的相对市场占有率为 0.5，表示该战略业务单位的市场占有率为同行业最大竞争者市场占有率的 50%，意味着公司该项业务的竞争能力很弱。如果公司的相对市场占有率为 2.0，表示其市场占有率是同行业最大竞争者市场占有率的 2 倍，意味着公司该项业务的竞争能力很强。相对市场占有率以 1.0 为分界线，大于 1.0 为高，小于 1.0 为低。相对市场占有率用对数标尺画出，等距离表示同一的增长百分比。

（一）四类战略业务单位

将增长率和占有率都分为高与低两个层次，增长率——占有率矩阵就分为四个区格，每一区格代表不同类型的业务：

（1）问题业务。是高市场增长率和低相对市场占有率的战略业务单位。大多数业务在刚刚进入市场时都是问题业务。问题业务有两种可能的前景，一是相对市场占有率提高，可成为明星业务；二是市场增长率下降，将成为不景气业务。一个公司对问题类业务要慎之又慎，必须认真考虑是否有必要对其进行大量投资或者及时摆脱出来。

（2）明星业务。是高市场增长率和高相对市场占有率的战略业务单位。当某类新产品处于市场成长期时，市场处于高速成长阶段，就是明星业务。但是明星业务不一定能够带来大量的利润，因为公司往往要投入大量的资金来维持市场成长率和击退竞争者，使明星业务成为现金的消耗者而非现金的生产者。在巩固了市场地位之后，它们有望成为公司未来的主要利润来源，即成为金牛业务。

（3）金牛业务。是高相对市场占有率，低市场增长率的战略业务单位。当产品进入成熟期后，市场增长率下降，而相对市场占有率仍然保持在较高水平上，就成为金牛业务，又称财源业务，意思是指它为公司带来了大量的现金收入。由于市场增长率下降，公司不必投入大量资金开拓市场；由于拥有高市场占有率，又享有规模经济和高利润的优势。

（4）瘦狗业务。是市场增长率低，相对市场占有率也低的战略业务单位。这类业务通常是低利甚至亏本，如果不可能发展为明星业务或金牛业务，则要考虑淘汰。任何企业，这类业务都应尽可能地减少，否则企业将背上沉重的包袱，企业的资本就会陷死在这类业务里面，就谈不上战略发展。

（二）不同战略业务单位的对策

对四类不同的战略业务单位，公司可采用四种相应的对策：

（1）发展。即扩大战略业务单位的市场份额，甚至不惜放弃近期收入来达到这一目标。这一对策特别适用于明星业务和有可能转化为明星业务的问题业务。对这类业务必须注入大量的资金促使其市场份额的增长。

（2）维持。即保持战略业务单位的市场份额。这一目标适用于具有良好发展势头的金牛业务，以保持它们赢取大量现金的能力。

（3）收获。即增加战略业务单位短期现金收入，而不考虑长期影响。比如，提高价格和减少促销能够增加当前利润，但是有可能造成产品市场份额减少和加速衰退。这一战略适用于处境不佳的金牛业务和问题业务，这类业务前景黯淡而不得不从其身上获得目前能获得的现金收入。

（4）放弃。即通过出售或清算而放弃经营该产品，把资源转移到更有利的领域。它适用于瘦狗业务和前景不佳的问题业务。

四、规划新业务的发展

在对企业现有的经营业务做了投资组合分析并拟定了投资计划后，还应该积极开发新的业务。这一方面是因为企业现有的经营业务预期收入可能达不到企业的战略任务和目标，另一方面可能因为企业现有的经营业务不能充分利用已经出现或由企业所发现的新的市场营销机会，因此需要开辟新的业务，扩大现有的经营领域。

在开发过程中，可以从以下思路来考虑：首先，继续从事现有业务，寻求新的发展机会；其次，尝试从事相关业务；最后，探索新的领域、开发全新业务。在这样的思路下，形成了三种增长战略。

（一）密集型增长战略

密集型增长战略的含义是增大现有经营业务的市场供应量和市场销售量。它的前提是产品还没达到成熟期，现有产品或现有市场还有盈利能力而竞争对手相对较少。该战略有以下三种做法：

1. 市场渗透

市场渗透即企业对现有的目标市场，通过广告、宣传、开发新的营销渠道等方法扩大现有产品的销售量的方法。为达到这个目标可以有三种方法：一是鼓励现有的顾客增加购买量；二是争取竞争对手的顾客，可以提供更好的服务或者树立更好的品牌形象；三是吸引新的顾客，把产品售给从未使用该产品的顾客。

2. 市场开发

企业寻找新的、有可能进入但还没进入的细分市场，建立新的分销渠道，或加强广告、促销等手段在新的市场上扩大现有产品的销售量。

市场开发战略的前提是现有目标市场趋于饱和，市场销售出现停滞，产品的品质有优势，竞争对手少。

3. 产品开发

企业在现有的市场上增加产品的花色、品种、型号等，来扩大现有目标市场的销售量。最常见的例子有食品市场，如薯片、冰淇淋、冷饮等厂家经常会推出新的品种来吸引消费者。

（二）一体化增长战略

一体化战略是指企业将其业务范围向供和销的领域发展。当企业所属的行业吸引力和增长潜力大，或者企业在产品的供、产、销方面实现一体化，能够提高效率和企业的盈利能力时，可采用一体化增长战略。一体化增长战略包括四种，见图 3-2 所示：

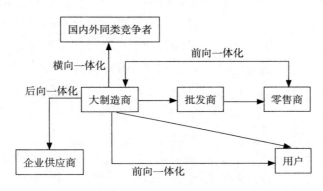

图 3-2 一体化增长方式

1. 后向一体化

企业通过收购或兼并若干原材料供应商，实现供产一体化。如某汽车制造商通过收购橡胶厂、轮胎厂和兼并配件厂对供货系统进行控制。这就是后向一体化战略。

2. 前向一体化

企业通过收购，兼并若干供应商，或者自建其分销系统，实现产销一体化。如汽车制造厂自设销售网络或者与批发商、代理商、零售商合作，自销自产，实现其销售目标，这就是前向一体化战略。

3. 横向一体化

企业通过收购，兼并同类型的竞争企业，或者与国内外的同类企业合资合作经营，扩大自身规模。这就是横向一体化。收购其他企业时，主要是必须符合国家的"反垄断法"等相关方面的法律。

4. 水平一体化

企业既收购兼并供应商也收购兼并经销商。这样，企业就可以组建供、产、销一条龙的营销体系。

（三）多元化增长战略

多元化是指企业进入目前尚未涉及的经营领域和其他的业务范围，开拓新的业务，向其他行业投资，实行跨行业经营。当企业的资源富裕，而且在以后的经营领域已经没有更多更好的发展机会时，可以采取多元化增长战略。这种战略的好处是可以充分发挥企业的人力、物力、财力等资源的利用率，提高企业的效益，而且可以避免业务过渡集中带来的风险。多元化的战略有以下三种形式：

1. 同心多元化

同心多元化即企业利用现有的产品生产技术或产品生产线，生产相类似的产品或使现有产品增加新的特色和功能。这种战略的实行比较容易，它不需要企业进行重大的技术开发和建立新的销售渠道，可以充分利用现有的技术力量和营销力量。如某电冰箱制造商，可以利用制冷技术的优势生产冷柜、空调等家用电器。

2. 水平多样化

水平多样化指企业利用现有的市场，采用不同的技术来发展新的产品，增加产品品种和种类，为现有的消费者提供更多的服务，如生产玩具的厂家生产游戏机，百货商场提供餐厅、咖啡屋等都是水平多样化的例子。

3. 集团多元化

大企业通过收购兼并其他行业的企业，或者在其他行业投资，把业务扩展到与现有市场、现有生产技术、现有分销渠道都无关的其他经营领域。国际上的许多大型跨国公司都采取了这种战略，如通用公司不仅生产汽车，而且还向电器、医疗器材、金融、服务行业扩展业务，国内的海尔公司，不仅生产电冰箱、彩电空调、洗衣机，还生产手机、PC，甚至涉足医药行业。

第三节　市场营销计划

有人说过："假如你不具备计划的能力，那么你便准备迎接失败吧！"这说明了营销计划的重要性。当然，营销计划并非有趣的工作，在着手执行之前，你必须经过漫长的准备。也有人说当今的环境状况变迁之快，以至于计划变得英雄无用武之地了。事实果真如此吗？答案是否定的，市场营销计划就像火车轨道，它能使市场营销活动始终沿着正确的方向前进。

一、如何制订市场营销计划

市场营销计划应该简明扼要，最高执行领导只希望看到短小精干的营销计划，而对长篇大论式的计划往往不屑一顾。一份营销计划起码要包含下列内容：

（一）状况分析

状况分析是制订营销计划的起点。企业通过分析市场和市场营销环境，以找到有吸引力的机会和避开环境中的威胁因素，对企业自身强弱进行分析，以便能选择最合适于企业的机会。具体分析内容包括：

（1）市场形势

（2）产品情况

（3）竞争形势

（4）分销情况

（5）宏观环境

（二）营销目的与目标

通过状况分析对企业营销实际情况有了清楚认识之后，就需要制定企业营销目标，以统领营销活动。

营销目标包括两大方面：财务目标和市场营销目标。在制定营销目标时应注意以下几点：其一，目标不能过高也不能过低，即既能鼓舞士气，又不是高不可攀；其二，目标应具体化，总目标应分解为更小的具体目标；其三，目标应尽量量化，便于衡量和考核。

（三）营销策略

营销目标的实现可以通过多种途径实现。企业应根据市场状况、自身优劣、竞争状况等全面分析，权衡利弊后，结合其他部门意见制定最佳营销策略，以确保营销策略的可操作性和实用性。市场营销策略主要由三个部分构成：

（1）目标市场策略

（2）营销组合策略

（3）市场营销预算

（四）营销活动计划

营销活动计划就是营销策略的具体化，即明确做些什么、何时做、在什么地方做、怎样做等问题。通过营销活动计划使我们对整个营销活动一目了然，做到心中有数。

（五）营销控制

营销控制主要是对计划的执行过程、进度进行管理，对计划执行过程中存在的问题进行整改，以确保计划顺利完成。营销控制通常是把目标、预算按时间分成若干阶段，有利于上级及时了解计划完成情况；同时有的营销控制还包括了应急计划，专门用于处理意外突发事件。

二、市场营销组织

所谓市场营销组织是指企业内部涉及市场营销活动的各个职位及其结构。由于对营销的界定持续地与时俱进，使得营销不断肩负起新的责任，对营销观念的改变，营销组织的本质、结构也会随之改变。

（一）市场营销组织的演进

现代市场营销组织是由长期的演进而来的。在市场经济发达的西方国家，市场营销组织的发展大体经历了五个阶段：

1. 简单的销售部门

所有的公司都是从四个简单的功能开始：公司必须要有人负责筹措与管理资金（财务），生产产品或服务（生产），将产品售出（销售）及管理账目（会计）。此时销售部门通常由一名副总经理负责，他主要是管理销售如销售人员，有时自己也做一些销售的工作，同时也兼任一些市场调研或广告促销工作。

2. 具有附属功能的销售部门

随着市场竞争的日趋激烈以及公司规模的扩大，企业需要进行持续的市场调研、广告以及顾客服务等活动。营销副总经理必须雇佣专人来完成这些活动，于是许多企业设立了市场营销主管的职位，全权负责此类工作。

3. 独立的营销部门

随着公司业务的成长，与销售有关的工作——如市场营销调研、新产品开发、广告与销售促进、顾客服务等，其重要性逐渐有凌驾销售力之势。市场营销成为一个相对独立的职能，作为市场营销主管的市场营销副总经理与负责销售工作的销售副总经理由同一总经理负责。此时销售和营销可视为两个平行的职能，两个部门应该紧密相互配合。

4. 现代营销部门

虽然销售副总经理和营销副总经理的工作理当步调一致，但实际上他们之间的关系常常带有互相竞争和互不信任的色彩。销售副总经理不满销售人员在营销组合中的地位有所下降，而营销副总经理则要求在非销售人员的预算上有更多的权利。营销副总经理的任务是确定机会，制定营销战略和计划；销售副总经理的责任则是执行这些计划。因此营销副总经理会花较多的时间在计划上，从长计议，争取获得满意的市场份额；而销售副总经理依赖于实践经验，力争完成销售任务。当销售部门和营销部门的矛盾和冲突太大时，许多公司采取了由营销副总经理全权处理这类事物，包括负责对销售队伍的管理，从而形成了现代营销部门的基础，即由营销副总经理领导营销部门，管理下属的全部营销职能，包括销售管理，如图 3-3 所示。

图 3-3　现代营销组织

5. 现代市场营销企业

一个公司可能有一个出色的营销部门，但在营销上也可能会失败，因为这也取决于公司的其他部门及每一位员工对顾客的态度和他们的营销责任。只有公司的全体员工、所有部门都认识到他们的工作是公司的顾客所给予的，"市场营销"并不只是营销部门的工作的时候，这个企业才能成为有效的营销公司。

（二）市场营销组织的方法

为了实现企业目标，市场营销经理必须根据自己所处的市场营销环境以及企业实际情况来选择合适的市场营销组织形式。大体上，市场营销组织可分为以下五种组织形式：

1. 功能式组织

这是最古老的也是最常见的营销组织形式。它是由各营销功能专家所组成并向营销副总经理负责，营销副总经理负责协调各功能活动。图 3-4 显示了各种专家：营销行政经理、广告促销经理、销售经理、营销研究经理及新产品经理。当然其他的功能专家也可以在营销部门中，如顾客服务经理、行销规划经理、实体配销经理。

图 3–4　功能式组织结构

功能营销组织的主要好处在于其管理的简单性，但另一方面此种形式也会因公司产品及市场的成长而失去其有效性。第一，对特定的产品及市场没有足够的规划和完整的计划，因为没有专人对任何产品或市场负责。第二，每个功能小组为了争取更多的预算、更高的地位，明争暗斗，市场营销副总经理可能经常处于调解纠纷中而无法脱身。

2. 地理性组织

如果一个企业的市场营销活动面向全国甚至更大范围，就可以按地理区域设置其营销组织，如图 3-5 所示：

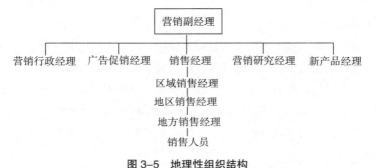

图 3–5　地理性组织结构

该组织机构设置包括一名负责全国销售业务的销售经理，若干名区域销售经理、地区销售经理和地方销售经理。从全国市场销售经理到地方销售经理，所管辖下属人员的数目即"管理幅度"逐级增加。

3. 产品管理组织

当企业所生产的各产品差异很大，产品品种太多，就会导致按功能设置的市场营销组织无法处理的情况，建立产品经理组织制度是非常适宜的。这个管理组织并非取代功能性管理组织，只不过是增加另一个管理层次而已，见图3-6：

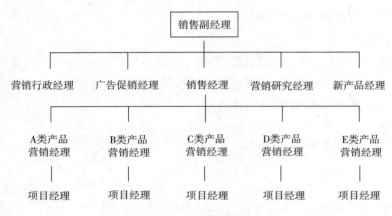

图 3-6　产品管理组织

产品管理组织可能带来许多好处：第一，产品营销经理可协调各种市场营销职能；第二，产品营销经理能对市场变化做出更加敏捷的反映；第三，由于有专门的产品经理，那些较小品牌产品可能不会受到忽视；第四，产品管理是年轻主管的最佳训练场所，因为它涉及了公司营运的所有领域。

但产品管理组织也可能存在一些弊端：第一，它缺乏整体观念，各个产品经理可能会各自为战，会为了自己产品利益而与其他产品经理产生矛盾摩擦；第二，由于产品经理权力有限，不得不依赖同广告、销售、生产部门以及其他部门的合作，但这种合作往往不易得到支持。

4. 市场管理组织

当企业拥有单一的产品大类，面对各种不同偏好的消费群体时，市场管理组织是行之有效的组织形式。如美国钢铁公司将其钢铁卖给铁路、建筑及公用事业等产业部门。市场管理组织与产品管理组织相似，由一个总市场经理管理若干细分市场经理，这种组织形式的优点在于市场营销活动可以按照满足各类不同顾客的需求来组织和安排，真正实现了"以顾客为中心"，使营销活动更有针对性，更有利于市场开拓和销售提升。

5. 事业部组织

随着多产品公司经营规模的扩大，公司常把各大产品部门升格成为独立的事业部，享有更多的自主权利，事业部下再设自己的职能部门，这样公司可能面临两难抉择——公司总部是否应当设立营销部门，在现实中对这一问题的回答不一：

第一，公司不设营销部门；

第二，公司保持适当的营销部门；

第三，公司拥有强大的营销部门。

大多数公司通常在各事业部门设置规模较小的营销部门，再设置公司一级的营销参谋班子，通过上级对下级的帮助、教育使事业部营销部门逐渐成长扩大，公司一级的营销部门的规模和职能范围逐渐缩小，甚至予以撤销。

（三）市场营销组织设计的程序

市场营销组织的形式是多样性的，设计一个符合企业自身实际情况，又适应市场环境的营销组织并非易事，通常对营销组织的设计要经历以下几个环节：

1. 组织环境分析

市场营销组织总是在一定的社会经济环境中运行的，而这些环境大部分是企业不可控制的，因此企业在建立营销组织的时候首先要考虑的问题就是适应市场环境。

2. 确定组织内部活动

市场营销组织内部活动主要有两种：一是职能性活动，它涉及营销组织的各个部门，范围相当宽泛，企业必须要明确各个职能部门在营销组织中的地位和作用；二是管理性活动，涉及营销活动中的计划、协调和控制等方面。

3. 建立组织职位

市场营销组织在建立组织职位时应考虑三个问题：职位类型、职位层次、职位数量，从而弄清楚各个职位的权利、责任及其隶属关系。

4. 设计组织结构

在设计营销组织结构时我们必须要注意到任何一种营销组织形成都有优缺点，因此我们应当扬长避短。在进行营销组织结构设计时必须注意两个问题：其一，把握好分权化程度，权力过于分散不利于集中管理，权力过于集中又不利于发挥下级主动性；其二，确定合理的管理宽度，管理宽度过大会出现管理真空，管理宽度过小会降低管理效率，造成人力资源浪费。

5. 配备组织人员

市场营销组织的工作是一种创造性工作，因此在配备组织人员时必须谨慎，同时需注意以下几点：其一，因事择人；其二，因才施用；其三，用人所长；其四，动态平衡。

6. 组织评价与调整

市场营销组织所处的环境随时都在发生变化，组织管理者必须及时对组织做出相应的调整，只有这样才能不断提高组织效能。市场营销组织调整的原因不外两大因素：

其一，外部环境因素。包括政治经济环境的变化，科学技术的进步，环境资源的变化，竞争观念的变化等。

其二，内部环境因素。包括管理技术条件的改变，管理人员的调整和水平的提高，组织规模的扩张和业务的发展，组织内部运行机制的优化等。

三、市场营销计划执行

许多人认为"把事情做正确"（实施）与"做正确的事情"（计划）一样重要，甚至前者比后者更加重要。一个企业的战略计划可能与另一个企业雷同，但是却能通过更快或更好的实施在市场中获胜。要知道市场营销计划的执行很难，通常想出好的营销计划比实施这些计划更容易些。一个好的市场营销计划如果执行不当，是不会有成效的。

（一）市场营销计划执行

（1）制订行动方案。为了有效实施营销计划，营销部门需要制订详细的行动方案。通过具体的行动方案来回答下列问题：将做什么？何时做？由谁负责？以及费用是多少？例如，一般促销计划中应列明特殊活动及其日期、参加的贸易展览会、新的现场展示和其他促销活动，并明确这些活动何时开始、检查和结束。

（2）调整组织结构。企业的正式组织结构在市场营销计划实施中发挥着巨大作用。因为每一个营销计划都要落实到具体的部门和人员，为了顺利完成营销计划，各部门、人员的权责界限都应做相应的调整和改变。市场营销组织结构应当根据企业战略、营销计划的需要，适时改变和完善。

（3）形成规章制度。为了保证计划有效的实施，必须设计相应的规章制度。

通过这些规章制度，明确与计划有关的各个环节、岗位、人员的责、权、利关系，充分调动员工积极性，对各环节岗位、人员的工作进行客观考核并据此实施奖惩。

（4）协调各种关系。成功的市场营销计划实施取决于企业能否将行动方案、组织结构、决策和奖励机制、人力资源和企业文化这五大要素组合成一个有机的整体。要想使企业各种要素组合成一个有机的整体需要企业具有较强的协调能力。

（二）计划实施中的问题与原因

在执行一项营销计划时，所有的事情都可能出错，目标、基本的项目、价格、渠道、传播方式等都可能出问题。当营销成果令人失望时，设法找出失败的原因以便将来能较为成功地实施，是一件不容忽视的事情。

（1）长期目标和短期目标相矛盾。营销计划的制订常常依据企业的长期目标，但在营销计划的执行过程中，我们对计划执行效果、部门、人员的考核又具有短期性。这就使得市场营销人员在执行计划过程中往往只重视短期效果，而忽视企业的长期利益。

（2）计划脱离实际。由于营销计划的制订者与实施者角色不同，往往出现计划脱离实际的情况，造成计划看起来是何等诱人，鼓舞士气，但执行起来却举步维艰。

（3）因循守旧的惰性。一项新营销计划的执行必然会打碎原有的组织结构，同时人员、部门的责、权、利都会发生变化，这些必然会受到原有旧势力的阻碍。

（4）缺乏具体、明确的行动方案。成功实施的营销计划需要一个详细地把所有的人和活动及各种资源聚集到一起的行动方案。一项营销计划的实施往往牵涉到许多部门、人员和环节，它们共同构成了一条执行链，任何一个环节、部分出现问题都会影响到计划的顺利完成。计划越详细、具体，执行就越容易。

第四章　市场营销与产品策略管理

企业营销活动成功与否会受到内外因素的影响，按照企业对这些因素的控制能力通常可将其分为两大类：一类是非可控因素。非可控因素一般为企业的外部因素，主要是指企业市场影响环境；另一类为可控因素。可控因素一般为企业内部因素，主要有产品、价格、分销、促销策略等，对可控因素的把握和利用能够充分体现企业在目标市场上的竞争地位和经营特色。

第一节　营销中的产品组合决策

产品组合决策就是企业根据市场需求、竞争形势和企业自身能力对产品组合的宽度、长度、深度和相关性方面做出的决策。

一、市场营销中的整体产品概念

（一）概念

市场营销学所研究的产品就是整体产品，整体产品的概念包括三个方面的内容：即实质产品（又称核心产品）、形式产品和延伸产品。

（1）实质产品（核心产品）。实质产品是指产品的基本需求效用和利益。从根本上讲，每个产品实质上都是为解决问题而提供的服务。例如，消费者购买口红的目的不是为了得到某种颜色某种形状的实体，而是为了通过使用口红提高自身的形象和气质。

（2）形式产品。形式产品是指产品的实体外在形态，或核心产品借以实现的形式或目标市场对需求的特定满足形式。形式产品一般由五个特征构成，即品质、式样、特征、商标及包装。核心产品必须通过形式产品才能实现。

（3）延伸产品。延伸产品是指针对产品本身的商品特性而产生的各种服务保证。或者是顾客购买形式产品和期望产品时，附带获得的各种利益的总和，包括说明书、保证、安装、维修、送货、技术培训等。

（二）产品分类

根据消费者的购买习惯分类，产品可分为便利品、选购品、特殊品和非渴求物品四类。

（1）便利品（快销品）：指消费者通常购买频繁，希望、需要即可买到，并且只花最少的精力和最少的时间去比较品牌、价格的消费品。

（2）选购品：指消费者为了物色适当的物品，在购买前往要去的许多家零售商店了解和比较商品的花色、式样、质量、价格等消费品。

（3）特殊品：指消费者能识别哪些牌子的商品物美价廉，哪些牌子的商品质次价高。而且许多消费者习惯上愿意多花时间和精力去购买的消费品。

（4）非渴求物品：指顾客不知道的物品，或者虽然知道却没有兴趣购买的物品。

二、营销中的品牌管理

（一）品牌管理的内涵

什么是品牌？按照奥美的定义，品牌是一种错综复杂的象征。它是品牌属性、名称、包装、价格、历史、信誉，广告方式的无形总称。品牌同时也是消费者对其使用者的印象，以其自身的经验而有所界定。产品是工厂生产的东西；品牌是消费者所购买的东西。产品可以被竞争者模仿，但品牌则是独一无二的，产品极易迅速过时落伍，但成功的品牌却能持久不坠，品牌的价值将长期影响企业。品牌是消费者（注意，一定购买者或者有购买能力且有购买意向的自然人）对于某商品（是货币交易的产品，不是以物易物，也不能是赠品，不能是普通产品，一定要在流通渠道当中存在的）产生的主观印象（想法是主观的，不一定和客观相符），并使得消费者在选择该商品时产生购买偏好（是偏好，可能是排他性的，也可能是替代刚性的，至少是消费偏好曲线的切线是大于零的）。总结后联结起来品牌是消费者对于某商品产生的主观印象，并使得消费者在选择该商品时产生购买偏好。对于很多中小型企业来说，品牌内涵在一定程度上反映了企业文化，所以，对这类型的企业来说，品牌不仅是对外（分销商、消费者）销售的利器，而且也是对内（员工、供应商）管理的道德力量。在营销中，品牌是唤起消费者重复消费的最原始动力，是消费市场上的灵魂。有一个企业家说过，"没有品牌，企业就没有灵魂；没有品牌，企业就失去生命力"。

（二）品牌管理的步骤

品牌管理是个复杂的、科学的过程，不可以省略任何一个环节。下面是成功的品牌管理应该遵守的四个步骤：

1. 勾画出品牌的"精髓"，即描绘出品牌的理性因素

首先把品牌现有的可以用事实和数字勾画出的看得见摸得着的人力、物力、财力找出来，然后根据目标再描绘出需要增加哪些人力、物力和财力才可以使品牌的精髓部分变得充实。这里包括消费群体的信息、员工的构成、投资人和战略伙伴的关系、企业的结构、市场的状况、竞争格局等。

2. 掌握品牌的"核心"，即描绘出品牌的感性因素

由于品牌和人一样除了有躯体和四肢外还有思想和感觉，所以我们在了解现有品牌的核心时必须了解它的文化渊源、社会责任、消费者的心理因素和情绪因素并将感情因素考

虑在内。根据要实现的目标，重新定位品牌的核心并将需要增加的感性因素一一列出来。

3. 寻找品牌的灵魂，即找到品牌与众不同的求异战略

通过第一和第二步骤对品牌理性和感性因素的了解和评估，升华出品牌的灵魂及独一无二的定位和宣传信息。人们喜欢吃麦当劳，不是因为它是"垃圾食物"，而是它带给儿童和成年人的一份安宁和快乐的感受。人们喜欢去 Disney 乐园并不是因为它是简单的游乐场所，而是人们可以在那里找到童年的梦想和乐趣。所以品牌不是产品和服务本身，而是它留给人们的想象和感觉。品牌的灵魂就代表了这样的感觉和感受。

4. 品牌的培育、保护及长期爱护

品牌形成容易但维持是个很艰难的过程。没有很好的品牌关怀战略，品牌是无法成长的。很多品牌只靠花掉大量的资金做广告来增加客户资源，但由于不知道品牌管理的科学过程，在有了知名度后，不再关注客户需求的变化，不能提供承诺的一流服务，失望的客户只有无奈地选择了新的品牌，致使花掉大把的钱得到的品牌效应昙花一现。所以，品牌管理的重点是品牌的维持。以往人们在谈论品牌时往往想的是产品或企业的商标，真正的品牌是从信誉牌开始进入到感情牌的过程。如何使产品从商标上升到信誉最后升华到感情呢？这就要求对品牌进行培育、保护及长期爱护。

（三）品牌管理的要素

1. 建立卓越的信誉

因为信誉是品牌的基础。没有信誉的品牌几乎没有办法去竞争。WTO 后很多"洋"品牌同中国本土品牌竞争的热点就是信誉。由于"洋"品牌多年来在全球形成的规范的管理和经营体系使得消费者对其品牌的信誉度的肯定远超过本土的品牌。本土的企业在同跨国品牌竞争的起点是开始树立信誉，不是依靠炒作，而要依靠提升管理的水平、质量控制的能力、提高客户满意度的机制和提升团队的素质来建立信誉。中国企业必须马上开始研究客户需求的变化并不断创新出可以满足他们不同需求的有个性化功能的产品或服务。未来的品牌竞争将是靠速度决定胜负的。只有在第一时间了解到市场变化和客户消费习惯变化的品牌才可能以最快的速度调整战略来适应变化的环境并最终占领市场。

2. 争取广泛的支持

因为没有企业价值链上所有层面的全力支持，品牌是不容易维持的。除了客户的支持外，来自政府、媒体、专家、权威人士及经销商等的支持也是同样重要的。有时候，我们还需要名人的支持并利用他们的效应来增加我们品牌的信誉。

3. 建立亲密的关系

由于客户需求的动态变化和取得信息的机会不断增加，为客户提供个性化和多元化的服务已成为唯一的途径。只有那些同客户建立了紧密的长期关系的品牌才会是最后的胜利者。所以国内外的品牌现在都不遗余力地想办法同客户建立直接的联系并保持客户的忠

诚度。

4. 增加亲身体验的机会

客户购买的习惯发生着巨大的变化。光靠广告上的信息就决定购买的机会已经越来越少了。消费者需要在购买前首先尝试或体验后再决定自己是否购买。所以品牌的维持和推广的挑战就变成了如何让客户在最方便的环境下，不需要花费太多时间、精力就可以充分了解产品或服务的质量和功能。这种让客户满意的体验可以增加客户对品牌的信任并产生购买的欲望。对于任何品牌而言，衡量品牌四要素的指数均可量身裁定，成为专项指数。这些指数可成为品牌评估的基准线，提供"跟踪"衡量品牌形象变化的依据。品牌管理指数包括信誉指数、关系指数、支持指数和亲身体验指数。

三、营销中的包装管理

一般企业的包装管理，是指对产品的包装进行计划、组织、指挥、监督和协调工作，它是企业管理的重要组成部分。但是，由于盘业的产品品种和生产规模等情况不同，因而在包装管理方法和实际应用方面存在着差别。包装管理必须根据企业的具体情况，用最经济的方法来保证产品的包装质量，降低包装成本，促进产品销售产品包装与企业内部和外部的许多部门有关，纵向和横向的联系很多，因此，企业的包装管理是一项综合性的工作，企业的全体职工都要提高对包装管理重要性的认识，加强企业的包装管理工作。企业的包装管理工作的好坏，对企业的经济效益有重要的影响。包装管理工作搞好了，就能保证产品的包装质量，降低产品的包装成本，促进产品的销售，从而提高企业的经济效益。

（一）企业包装管理的质量管理

1. 一般企业的包装质量管理

（1）产品包装质量管理的概念

产品包装质量是指产品的包装能满足产品流通、销售和消费的需要及其满足程度的属性，它具有适用性、可靠性、安全性、耐用性和经济性，产品包装质量通常以机械、物理、化学、生物学等性能及尺寸、形状、重量、外观、手感等表示。产品包装质量管理就是运用管理功能，为提高产品的包装质量，不断地满足用户需要而建立的科学管理体系的活动。工业企业要把包装的质量标准和用户满意的程度，作为衡量产品包装质量的尺子。产品包装质量管理，包括了产品包装的设计过程、橱造、辅助生产过程和用户使用过程的管理，并涉及包装材料的质量管理和处理使用过程中发生的问题。

（2）产品包装质量管理的重要作用

产品包装质量的好坏，直接影响着产品质量，产品流通的安垒，关系到包装产品的价值和使用价值的实现。因此，加强产品包装质量管理，不断提高产品的包装质量，是实现社会主义现代化的一个重要保证，也是社会主义生产目的的要求，是讲求经济效益的重要途径。

产品包装涉及生产包装的部门和使用包装的部门，以及产品流通过程中的商业、交通运输等部门，任何一个环节不重视质量管理，都会出现这样或那样的包装问题。因此，建立和健全包装质量管理体系，建立较完备的包装质量监督网，是搞好产品包装质量管理的关键。

2. 工业企业产品的包装质量管理

工业企业产品的包装质量管理也必须建立一套严格的包装质量管理体系。包装质量管理体系是根据产品包装质量保证的要求，通过必要的手段和方法，把企业各个部门、各个环节组织起来，明确规定它们在包装质量管理方面的职责和权限，使包装管理工作贯穿于企业生产经营活动的全过程。一方面，可以把包装质量保证的具体工作落实到各有关部门进行管理，企业内部形成严密而有效的管理体系，从而在组织上保证产品的包装质量；另一方面，在统一领导下，互通情报，相互协作，共同保证和提高产品的包装质量，在企业生产经营活动的各阶段之间各环节之间进行质量信息反馈，包括"厂内反馈"和"厂外反馈"两个反馈在体系中循环不止，每经过一次循环，产品的包装质量就可能前进一步。为此，要落实以下主要措施：

（1）建立严格的质量责任制，规定企业的每一个部门，每一个职工对产品质量和产品包装质量的责任，明确分工，使质量工作人人有专责，办事有标准，工作有检查，形成一个严密的包装质量管理责任系统。要严格按产品质量标准、包装标准和用户要求，进行产品的设计、生产和产品的包装。

（2）建立和健全产品包装质量的检验制度。加强包装质量管理，必须设立专职检查机构，配备专职检验技术人员，建立一套严格的包装质量检验制度，同时规定包装质量检验人员的权利和职责范围，不合格的产品包装，坚决不准出厂。

（3）运用科学的质量控制统计方法。正确运用这种方法，可以从工序上控制产品包装质量，判断生产过程是否正常，及时发现消除造成产品包装质量不稳定的因素，预防产品不合格包装的产生，提高产品包装的合格率。而且，可以进一步探讨产品包装质量变异的原因，及时采取措施，加强控制，不断提高产品的包装质量。

3. 流通领域质量管理

产品的包装质量还直接关系到消费者的利益，质量低劣就不能保证产品流通的安全。因此，商业、运输部门应严格检验产品的包装质量，与生产部门紧密配合，抓好产品包装质量管理工作。一方面要保证产品包装以良好的状态进入消费过程，另一方面要保证产品包装在消费中有良好的使用效果。

（1）实行质量监督

商业、物资等部门收购产品时，要把检验产品质量与产品包装质量放在同样重要的地位，严格按技术标准进行检验。对产品包装质量不合格者，拒收或限期改进，严格把好质量关。同时，产品购销合同必须详细签订包装条款，用经济方法明确购销双方对产品包装质量的责任。要严格按标准和合同办事，对包装材料、包装制品结构和物理机械性能达不到要求的，或者包装标志不明的包装应予拒收，督促厂方及时处理和改进。

（2）加强包装货物的储存运输试验

商业、物资和交通运输部门，特别是商业检验机构，要加强对运输包装质量的测试，进行模拟试验，这是检验产品包装质量最有效的手段。如跌落、滚动、振动、压力和堆码试验等，及时测试各种包装的强度和牢度，以确保产品包装在流通中的安全。

（3）促进生产部门的包装改进

商业、物资和交通运输部门，要经常反映用户和消费者对产品包装的意见，做好包装信息的反馈工作，针对产品包装质量存在的问题，提出改进方法。向生产部门积极推荐采用产品包装的新技术和新成果，进一步提高包装的质量。

（4）加强储存运输的质量管理

"提倡文明装卸，反对和杜绝野蛮装卸"，要按运输包装标志做好货物的装卸和运输交接工作，选择最佳的装卸方式和货物的积载方法。同时，要做好产品的拼装和分装工作，对已散架、散捆、破裂、水湿的包装，应及时加固或更换，以确保产品在流通中的安全。

（二）包装的费用管理与改善方法

1. 包装的费用管理

包装费用管理是企业经济管理的一个重要组成部分，它包括包装产品生产单位的包装成本管理和包装产品使用单位的包装费用管理两个方面，在包装管理中占有十分重要的地位。一般企业的包装费用管理，是指对包装产品使用单位的各项包装费用所进行的计划、控制、核算和分析工作。包装费用是产品成本的一部分，包装费用管理是企业包装管理的一项主要内容，其目的就是要挖掘潜力，杜绝浪费。在符合产品包装质量的前提下，不断地降低产品包装费用，达到以最小的支出获得最大的收入的效果。

如果一个企业只注重产品的技术方面，而忽视产品包装的经济效果，则不仅达不到产品包装的目的，影响企业的经济效益，而且会浪费有限的包装资源。例如，使用大大超过产品包装标准要求的包装容器或包装材料对产品进行包装，虽然保护了产品，但由于包装费用开支过高，不仅减少了企业的盈利，同时也浪费了包装原材料。所以，一个经济与技术上都比较理想的包装，应该是用最少的包装费用，获得最大的包装效果。特别是运用新的包装技术方法和新的包装材料对产品进行包装，更能减少企业的包装费用。

工业企业包装费用管理的主要问题，是如何用科学的管理方法和技术措施，尽量降低产品的包装费用。工业企业包装费用管理的内容包括包装费用计划，包装费用控制，包装费用核算与包装费用分析。

（1）包装费用计划

工业企业根据生产计划，包装含量和包装制品价格等资料，用货币的形式，预先规定计划期内各项包装费用的水平及其降低的程度。它是对企业的包装活动进行指导、监督、控制、考核和评价的重要依据，也是降低产品包装费用的重要保证。

（2）包装费用控制

包装费用控制是在产品包装费用形成的整个过程中，通过经常监督和及时修正偏差，使各种包装费用的支出都限制在包装费用计划的范围内，保证达到降低产品包装费用的目的。

（3）包装费用核算

包装费用核算就是把企业实际发生的各项包装费用按照其用途，并按一定的产品，进行汇集、分配，计算出产品的实际总包装费用和单位产品的包装费用。正确地组织包装费用核算，不仅可以控制包装费用开支范围，监督各项消耗定额和费用标准的正确贯彻，还可以与计划包装费用比较，了解包装费用计划的执行情况，正确而及时地把增产节约的经济效益反映出来。

（4）包装费用分析

为了充分发挥包装费用管理的作用，不仅要事先计划、事后核算，而且还要认真做好包装费用分析。对企业包装费用的形成情况进行评价，剖析，总结。其目的是确定实际包装费用达到的水平，查明影响包装费用升降的因素，揭示节约浪费的原因，寻找进一步降低包装费用的方向和途径。

2. 改善包装管理的方法

（1）从做好包装管理问题分析入手，形成正确的决策。该企业包装管理创新的关键就在于准确把握问题的根本，并对改进包装管理进行有效的决策。尤其值得注意的是把包装管理问题放在企业整个管理体系中进行思考和分析，抓住了问题的实质，最终顺利解决包装管理问题。

（2）系统地推进企业包装管理改革和发展。不仅系统地分析企业包装问题，而且采取系统的方法，有计划有步骤地解决企业包装管理问题。从组织和制度上落实和加强企业包装管理的战略思想，从包装设计和包装管理流程上确定管理的标准和要求，从具体操作上实施分类管理，降低包装管理成本，形成有利于促进销售的包装序列。

（3）应用科学技术提高企业包装管理绩效。该企业注重在包装管理中积极引入现代科学技术，从包装材质、包装设备、包装管理方法等方面进行科学改进，有效提高企业包装管理绩效。

（4）降低成本和增加新价值是企业强化包装管理的基本动力。企业通过加强和改善包装管理实现价值增值，完全符合现代企业提高增值能力和增值水平的发展趋势。该企业价值增值的过程，就包括不断改进包装管理的过程。充分认识包装在现代营销中的价值，是做好企业包装管理的思想基础之一。

（5）企业包装管理是一个系统化的工作。企业必须形成完整的包装管理体系，从组织、制度、方法以及技术等方面组成有效的运行机制，才能实现协调运作和统一管理。

（6）根据现代科学技术发展和企业包装需要，进行包装管理的改革。企业包装不能脱离市场需要，不能脱离企业经营需要。在目前来说，应把生态环保、可持续发展、分类管理等观念引入包装管理系统，充分发挥高新技术作用，推进企业包装管理发展。

四、产品组合决策

（一）市场营销产品策略的概念

产品应该是能够被顾客理解的，并能满足其需求的、由企业营销人员所提供的一切。包括实体产品、服务、地点、组织等。产品整体包括三个层次：第一，市场营销产品策略的实质层（核心产品）。是指产品所具有的功能和效用，是消费者购买产品的目的所在；第二，市场营销产品策略的实体层（有形产品）。这是产品的基础，是消费者通过自己的眼、耳、鼻、舌、身等感觉器官可以接触到、感觉到的有形部分。它包括产品的形态、形状、式样、商标、质量、包装、设计、风格、色调等；第三，市场营销产品策略的延伸层（附加产品）。这是对产品意义的延伸，是指购买者在购买产品时所获得的全部附加服务和利益。包括提供贷款、免费送货、维修、保证、安装、技术指导、售后服务等。

产品整体概念可表述为：产品是能够满足消费者特定需求的有形和无形属性的统一体，包含实质层、实体层和延伸层三个必不可少的层次。

（二）市场营销产品策略分类

产品分类方法通常有以下三种：第一，按产品的耐用性和有形性可分为以下三类，非耐用品、耐用品、服务（劳务）；第二，根据消费者购买习惯对消费品进行分类，可将商品分成便利品、选购品、特殊品和非渴求商品；第三，工业品分类，通常按照它们如何进入生产过程及其与产品成本的关系进行分类，可将其划分为原材料和零部件、固定资产、供应品和劳务。

（三）市场营销产品策略组合

1. 市场营销产品策略组合及其相关概念的含义

产品组合，也称产品搭配。是指一个企业提供给市场的全部产品线和产品项目的组合或搭配，即经营范围和结构。

产品线，指互相关联或相似的一组产品，即我国通常所谓的产品大类。产品线的划分可依据产品功能上相似、消费上具有连带性、供给相同的顾客群、有相同的分销渠道，或属于同一价格范围。

产品项目，指市场营销产品策略线（大类）中各种不同品种、档次、质量和价格的特定产品。例如，某商店经营鞋、帽、服装、针织品四大类产品（4条产品线），每大类中又有若干具体品种（产品项目），所有这些产品大类和项目按一定比例搭配，就形成该店的产品组合。

2. 市场营销产品策略组合决策的内容

产品策略组合决策，一般是从产品组合的宽度、长度、深度和相关性等方面做出决定。

产品组合的宽度，指一个企业生产经营的产品大类的多少，即拥有的产品线多少，多则宽，少则窄。

产品组合的深度，指产品线中每种产品所提供的花色、口味、规格的多少。

产品组合的相关性，指各个产品线在最终使用、生产条件、分销渠道或其他方面的相关联的程度。

市场营销产品策略组合的三个方面对于营销决策有重要意义：第一，增加产品组合宽度，扩大经营范围，可充分发挥企业各项资源的潜力，提高效益；第二，增加产品组合的深度，可适应不同顾客的需要，吸引更多的买主；第三，产品组合相关性的高低，则可决定企业在多大领域内加强竞争地位和获得声誉。所谓产品策略组合决策，也就是企业对产品组合的广度、长度、深度和相关性等方面的决策。

五、实例：某品牌啤酒系列产品组合营销的创新途径

随着人民生活水平的不断提高和消费习惯的逐步改变，我国啤酒年销量增幅在 10% 以上，而且人均啤酒年消费量与世界平均水平相比还有相当差距，所以中国被誉为"世界啤酒产业最后的乐土！"但近年来我国啤酒业的吨酒利润却大幅下降，呈现出行业整体盈利能力差的现状。某品牌啤酒集团 2016 年销量是 2011 年的近四倍，税后利润也高达四倍，所以它是啤酒行业中的典型，研究其市场拓展策略具有很高的现实意义。市场拓展要想成功，有效实施是重要保障。某品牌啤酒公司按照"一区一策、一地一策，一品一策"的原则，分别从产品、价格、渠道、促销四个方面实施部署。通过对啤酒市场的现状及未来发展趋势的综合分析，实例从某品牌啤酒集团的产品、价格、渠道、促销四个方面研究了其组合营销策略的具体实施。

（一）产品策略的实施

1. 产品结构的实施

该品牌啤酒产品结构高、中、低档品种齐全，基本满足了啤酒市场所有消费层次的需求，而且层次分明，结构简单。该品牌啤酒高档品种较多，突出产品创新能力，符合科技品牌的形象。但是产品线较长，消费者难以识别，给品牌塑造和传播造成障碍。因此应该突出重点品种销售，其他品种补充。例如将纯生和精制列为主要品种，在各种高档消费场所销售，以突出该品牌品牌形象；金纯和龙色兰啤酒限定在部分场所销售，满足部分消费者的需求。

该品牌的中档和中高档啤酒虽然品种搭配比较适合，但是市场操作并不理想。虽然未对四个品种的销售进行区域限制，但在市场上却明显地表现出地域特征。普通该品牌销量最大，主要销售市场在深圳及周边。该品牌的主要销售市场是除深圳外的周边地区，销量

比较小。该品牌新香和清醇则销量更小，只有零星区域销售业绩还可以接受。同样，该品牌应该在中档及中高档产品中树立拳头产品并进行推广，使品牌传播和产品销售相互促进。与竞争对手产品相比，该品牌低档产品价格偏高，给市场操作造成困难。因为价格偏高，在低档啤酒的竞争中处于劣势，部分区域将价格提高，直接参与中档啤酒的竞争，放弃了低端市场。

2. 产品线的实施

啤酒产品系列包括口感浓郁的 11° 该品牌啤酒、12° 该品牌啤酒及 13° 特制该品牌啤酒，口感清爽而不淡的 12° 纯生啤酒及 10° 该品牌清醇生啤，以上全部均备有大装及标准的樽装、罐装及桶装。该品牌公司覆盖了啤酒市场的所有消费层次，并按照消费层次将产品划分为四个产品线。

（1）高档啤酒

13° 特制该品牌 640ml、11° 精制 500ml、11° 精制 330ml、10° 水晶纯生 330ml、10° 金纯 600ml、10° 龙色兰 280ml 等；

（2）中高档啤酒

12° 该品牌啤酒 640ml、10° 纯生 640ml、12° 新香易拉罐 355ml、11° 纯生 640ml、11° 纯生 500ml 等；

（3）中档啤酒

11° 绿该品牌 640ml、10° 清醇 500ml、11° 绿易拉罐 355ml；

（4）低档啤酒

10°2008 该品牌啤酒 640ml、9° 新生活 640ml、8° 超爽 640ml。

该品牌啤酒的产品线不仅涵盖了高、中高、中、低四个档次，而且满足了各种销售渠道和不同的销售区域。高档啤酒中容量在 330ml 以下的品种主要针对酒吧等夜场销售（而且某品牌啤酒在夜场中只销售容量 330ml 以下的品种），其余品种针对餐厅、商场和超市销售。中档啤酒针对除夜场以外的所有终端场所。在低档酒中 2008 该品牌 640ml 和 9° 新生活 640ml 主要针对珠三角较发达地区低端市场，8° 超爽 640ml 针对粤西、粤北及广东省周边地区的低端市场。虽然该品牌的产品线丰富，但是还不能完全满足市场的需求。在餐饮类高端市场只有 13° 特制该品牌 640ml、11° 精制 500ml 两个品种。13° 特制该品牌 640ml 成本较高，售价一般，在公司的撇脂政策下已经严重老化，逐渐淡出市场。11° 精制 500ml 推广三年没有取得良好的效果，市场认可度低。此情景下，需要尽快推出新品种，占领高端餐饮市场。广东周边的啤酒市场价格较低，主攻外省市场的该品牌 8° 超爽 640ml 价格相当于当地中档啤酒，而且没有操作空间，无法打开外省市场。因此急需开发更低成本的啤酒，占领外省市场。

3. 以同类产品作比较

该品牌与珠江、青岛的定位较为相似，但是因为珠江和青岛的品牌历史较久，有一定的影响力，拥有相当一部分的品牌忠诚者，市场份额较大，而该品牌是属于年轻品牌，虽有获奖以及质量的保证，但可能在消费者的心目中分量不足，加上很多消费者对某品牌啤酒缺乏认识，所以未能拥有大量消费者。某品牌啤酒在同类品牌相比之下，比较新，所以必须给该品牌注入一种独特的啤酒文化，以便让消费者接受。

而在包装上，该品牌有酱色瓶，金色瓶，绿色瓶，比珠江、青岛提供更多的选择，更受消费者喜爱。

以产品的生命周期来衡量，某品牌啤酒处于产品导入期和成长期的过渡阶段。

4. 产品的 SWOT 分析

（1）优势（Strength）

a. 该品牌啤酒不含甲醛，属于纯绿色的工艺酿造的健康啤酒；

b. 强大的终端铺货能力；

c. 该品牌产品多样化，产品开发能力强；

d. 该品牌在消费者关键购买因素上相对国产品牌有优势，如品质、口味、新鲜、健康；

e. 同比价格及边际利润在全国领先；

（2）劣势（Weaknesses）

a. 知名度不高，许多消费者反映不了解该品牌啤酒；

b. 该品牌啤酒的价格走中档路线，在同类啤酒中价格不占优势；

c. 传统的该品牌广告缺乏针对性及有效性；

d. 产品种类太多；

e. 产品管理不得当；

（3）机会（Opportunities）

a. 消费者对品牌的忠诚度降低，并愿意尝试接受新的品牌；

b. 广东啤酒市场增长较快；

c. 绿色保健概念有开发潜力；

（4）威胁（Threats）

a. 竞争产品的营销渠道成熟，市场上占有率极高，在同类品牌的竞争压力下，如果他们推出新品牌，那该品牌无疑又会被人遗忘；

b. 该品牌在广东最大的竞争对手是青岛和珠江，如果该品牌采用同样力度的促销进行反击，对拉动该品牌的销售影响很大。

5. 新产品开发的实施

在目前的啤酒领域，新产品开发的方式及技术路线的方式选择有四类：自行研制、技术引进、自行开发与技术引进相结合、企业内外科研力量的合作攻关。该品牌啤酒公司主要采取自我研制和联合科研单位进行开发两种方式进行新产品开发。2012 年，该品牌啤酒与国家发酵研究所联合成立研发中心，加强对啤酒风味物质的研究和新产品的开发。同年，推出了 10ºA 纯生 (330ml) 啤酒。该酒采用国际最先进的低温膜过滤技术和啤酒不干胶包装技术，外观晶莹剔透、口感清新、泡沫洁白细腻、酒花飘香。2013 年，该品牌在国内首先推出不添加甲醛酿造的啤酒，给该品牌啤酒赋予了健康的内涵，引领啤酒消费新潮流，在国内掀起"甲醛风暴"。该啤酒酿造工艺被命名为"绿色工艺"，并荣获国家和深圳市科技成果进步奖。

需要改进的是，该品牌啤酒的新产品开发过程往往是从创意产生直接到产品开发阶段而后就进入商品化阶段，没有进行合理的过程管理。因此新产品开发成功率较低，不仅浪费公司资源，也损失了商业机会。该品牌公司今后应加强新产品开发的过程管理，按照新产品开发的八个阶段：创意产生、创意筛选、概念发展和试验、营销战略、商业分析、产品开发、市场试销、商品化对整个开发过程进行管理。

（二）价格策略的实施

1. 价格体系的实施

按照流通渠道可以将啤酒价格分为：出厂价格、经销商价格、二批发商价格、零售价格。按照不同区域可以将啤酒价格分为各区域的价格。价格体系就是所有价格的集合体。某品牌啤酒的价格体系是由各个区域和各渠道成员的价格构成。针对不同品种，该品牌公司设计了完整的价格体系。但是由于各区域市场竞争情况不同，区域间返利政策、运输补贴和促销的力度就不一样，造成各区域实际市场价格不一。价格差异的存在是啤酒流通的基础，因此区域价格差就引起了啤酒跨区域销售行为，给啤酒销售价格体系的维持带来相当大的困难。某品牌啤酒主要通过对营销渠道及销售政策的管理，来保证价格体系的稳定。为了保证价格体系的稳定，该品牌公司制定了一整套跨区销售管理办法并严格实行，首先，经销商固定区域销售，每个经销商只能在其固定的区域内销售啤酒。其次，对产品进行编码管理，每一个经销商提货时都进行编码登记。再次，对经销商跨区域销售进行适当处罚，根据跨区销售的数量按一定比例扣发经销商返利。但防止跨区销售最好的方法不是事后处罚，而是事前监管，加强物流监管是防止跨区销售的最好方法。经销商进货和出货都进行产品编码登记，同样二级批发商也进行进出库登记，这样每箱啤酒的物流走向都跟踪到位，基本可以杜绝跨区销售行为。降价促销也会导致价格体系混乱。例如，经销商为了减少库存缓解资金压力，往往通过降价促销来套现。此时，经销商通常以成本价进行销售，严重扰乱市场价格。

2. 产品价格的实施

该品牌啤酒各品种在超市最低价格为 4.0 元，是典型的中档啤酒。为了适应市场竞争的需要，该品牌啤酒各种产品不仅有不同的价格，而且产品定价有不同的定价方法。某品牌啤酒的定价方法主要有价值认知定价法、跟随定价法和成本加成定价法。为适应差异化竞争策略，该品牌啤酒大部分产品价格采用价值认知定价法。价值认知定价不仅提高了产品利润，还有利于提升品牌形象。高档啤酒市场对价格的敏感程度相对较小，比较注重品牌，应该采用价值认知定价法。如该品牌精制使用白色瓶包装，显得高贵典雅，突出该品牌科技创新理念，就采用了同比略高的差异化价格，保证利润的同时保证市场操作空间。

对于该品牌纯生啤酒，则采用跟随定价法。因为该品牌纯生啤酒是继珠江纯生推出后的纯生啤酒，又加之该品牌品牌知名度较珠江啤酒逊色，故采用略低于珠江纯生的跟随价格策略。

中高档啤酒和中档啤酒市场对价格和品牌的敏感程度都较高，也应该采用价值认知定价法。该品牌啤酒引进德国酿酒工艺并采用整套进口设备进行酿造，在产品品质上处于国内领先地位。高品质的啤酒结合德国概念，消费者能够接受略高的定价。价值认知定价法最成功的例子是该品牌的拳头产品"普通该品牌640"。它在超市的零售价格是3.6元，略高于同档次的珠江啤酒，但仍然获得广大消费者的认可，使企业获得高额利润。出于竞争的需要，该品牌两款中档啤酒，绿该品牌和该品牌清醇采取跟随定价法，采用略低于青岛啤酒同等档次啤酒的价格，以拉动市场需求，增加销售机会。低档啤酒市场对价格最敏感，考虑到公司的成本和整体产品形象，采用成本加成定价法。同时，为了体现差异性，价格略高于竞争对手同档次产品。

3. 涨价策略的实施

（1）旺季到来之前涨价。

啤酒产品是一个价格非常敏感的产品，在旺季到来之前涨价，这时对渠道不一定有太大的影响，因为这时第一是销量较小，第二是库存也较小，负面影响小，而旺季的到来，又冲减了涨价的负面影响。

（2）在市场处成熟阶段的品种，可以选择旺季涨价。

若此啤酒产品在市场处于成熟、旺销阶段，产品畅销，赶在旺季涨价，意在造成供不应求的局面。在具体操作中，公司会在涨价前将小道信息传出去，给各级经销环节留足"抢货""压货"的时间。

（3）对未成熟的品种的涨价要谨慎操作。

未成熟的品种涨价，该品牌公司会先在小范围内测试一下，取得成功后，再大面积铺开。未成熟的啤酒品种除了导用实验法外，在操作上公司还会配有促销支持。

4. 降价策略的实施

啤酒产品的降价一般有以下几种原因：

主观原因：市场份额下降、生产能力过剩、替代产品上市、促销活动。

客观原因：竞争品牌大幅降价、大幅折扣、有奖销售，等等，企业相应的做出反应即降价。

在降价策略具体的实施之前，该品牌公司要求营销人员做如下思考：

（1）竞争品牌为什么要降价？是主观原因，还是有客观因素？各是什么？

（2）竞争品牌本次是暂时降价，还是永久降价？

（3）如果我们对竞争品牌的降价置之不理，会有什么结果？

（4）竞争品牌对我公司的反应又会做出什么样的反应？

根据以上的思考以及情报搜集，公司会做出如下反应：

（1）维持原价政策；

（2）降低价格政策；

（3）改进质量提高价格政策；

（4）提高认知价格政策；

（5）推出反击性新产品；

（6）以上几种反应的组合反应。

（三）渠道策略的实施

该品牌公司经过新的领导班子的组建和一系列的改革措施，目前进入蓬勃发展时期。在这一时期内，其主要的任务就是加大销量、扩大市场占有率，使该品牌走向全国各地，而实现这一目标的主要手段还是靠营销渠道的力量。所以，制定一个科学的营销渠道模式是关系今后该品牌啤酒公司能否实现其在中国啤酒市场上"第五大名牌产品"的关键一步。

1. 营销渠道模式的实施

该品牌啤酒公司自1900年创建以来，一直以"消费者为中心"的营销理念，采取了"铺货""理货"的创新销售方式。虽然现在公司的销售渠道已经延伸到我国的二十多个大省市，并已经登陆台湾市场。然而，在这种销售渠道中，产品销售利润层层分解，产品销售价格层层加码，并且二、三级批发商利润偏低，从而导致向心力、销售力不足。直供模式与经销商模式会因为目标市场的重叠而容易出现对同一目标市场的争夺。渠道成员间缺乏沟通，渠道冲突严重，造成了其销量除了在广东有很大的市场占有量，在别的地区销量一直很低。

（1）经销商代理模式

公司→经销商→二批商→零售商

经销商代理模式是该品牌啤酒的主要销售渠道模式，基本适用于该品牌公司的每一个销售区域，只是在不同的区域有不同的管理侧重点，相应的渠道成员所扮演的角色不尽相同。

（2）直营渠道模式

公司→经销商→零售商

该品牌选择的直营渠道模式与啤酒市场普遍的直销渠道模式不同，是有经销商参与的直营渠道模式。这种模式里经销商承担物流配送和结算的功能，市场的开发、策划、售后服务等完全由公司承担。该品牌的直营渠道针对成熟市场的大型零售终端，主要是大型连锁超市。

2. 营销渠道方针与管理方法的实施

与同行企业相比该品牌公司有自己独特的渠道方针和管理方法，并且在实践中得到贯彻和执行。

（1）该品牌公司的渠道方针是以该品牌啤酒的成熟市场与区域目标市场为核心，健全销售网络，逐步向周边市场推进，达到全面开发市场和控制销售渠道的目的。为了开发目标区域市场，该品牌公司首先设立办事处，全面负责该区域的市场开发。目标区域市场开发后，再以该区域为基础逐步向周边市场推进，以达到步步为营，稳步推进，进而占领更广泛市场的目的。

（2）该品牌公司营销渠道简单，但是管理方法灵活，采取一区一策的管理方法对渠道进行管理。

①在成熟市场的渠道管理目标是"细分市场，健全网络，精耕细作，直达终端"。"细分市场，健全网络"就是在充分考虑经销商的经济规模和接受程度的条件下，把经销商所负责的销售区域尽可能缩小，让经销商在限定区域内把销售网络延伸到每个零售终端。通过细分市场，该品牌掌握了营销控制的主动权，并且在经销商间展开良性竞争，不断拓展销售网络。"精耕细作，直达终端"就是把渠道管理的重点放到销售终端，把每个终端场所都做精，通过以点带面，逐步提高市场份额。因此成熟市场的渠道管理重心是销售终端，目的是"掌控终端"。该品牌公司把啤酒零售终端分为五大类，大型餐饮店、中小型餐饮店、中型商超、小型士多店、酒吧，根据终端类别和所处区域分别派业务员进行管理。业务员对所管辖的终端销售场所进行定期拜访（通常每周2—3次），负责场所的订单跟踪并保障售后服务，及时反馈市场信息。在这种管理模式下，销售人员更贴近市场，保持融洽的客情关系，增强该品牌对市场的掌控能力。该品牌啤酒掌握销售终端，可以对竞争对手进行终端拦截，获得竞争优势。而且还利于该品牌公司进行整体市场规划与落实营销政策。但是这种管理模式需要投入2—3倍销售人员，增加管理难度和人员费用开支。成熟市场中的经销商主要承担两项责任。一是配送，把酒从该品牌提到自己的仓库，然后往自己的二批和终端配送。二是回款，该品牌不进行赊销，经销商买酒都是现款现货。因此，从二批商和终端回款的风险全部由经销商承担，该品牌公司可以最大限度降低财务风险。

②在非成熟市场，啤酒销量较小，售点比较分散，无法支撑庞大的销售队伍对终端进行管理，主要对经销商进行管理。业务人员帮助经销商进行业务联系、市场策划、广告和促销配合，通过为经销商提供更多的硬件和软件条件，来提高经销商的经营能力。开拓市场发生的相关费用根据销量计提，最终以产品价格折扣的方式兑现。此方法能够利用经销商的实力迅速拓展市场，扩大啤酒与消费者的接触面，增加销售机会。但是，由于终端渠道都掌握在经销商手中，在合作过程中该品牌公司比较被动。一旦经销商倒戈，就会失去一方市场。另外，经销商为了自身利益最大化会进行投机，扰乱市场价格体系。

（四）促销策略的实施

从本质上讲，促销就是公司与目标消费者进行互动式信息沟通。通过促销能够刺激消费者的购买欲望，从而提高销量。啤酒市场促销方法层出不穷，促销工具多样，主要的促销策略工具包括广告、销售促进、公关与宣传、人员推销四种。

1. 广告的实施

广告是由明确的主办人发起，通过付费的任何非人员介绍和促销其创意、商品或服务的行为。

该品牌啤酒属于区域强势品牌，主要销售范围是广东省及周边地区和省份。因此在电视媒体的选择上该品牌啤酒主要选择区域性电视媒体。2001 年以前，该品牌啤酒主要在广东电视台和深圳电视台投放广告。随着品牌影响力的提升，为了适应业务拓展的需要，该品牌啤酒开始选择影响范围更广的电视媒体合作。2004 年该品牌啤酒在广东卫视和凤凰卫视播放变色龙和谐共舞的广告，宣传该品牌水晶纯生"晶莹剔透、一见倾心，天然真味、新鲜无比，绿色工艺、健康饮品"的概念，突出该品牌的品牌形象。该广告主要对象是时尚、白领人群，有助于提高该品牌啤酒的知名度和影响力，拉动该品牌啤酒销量。

在投放电视广告的同时，该品牌啤酒还选择了户外广告宣传。在珠三角交通要道——107 国道、广深高速等明显位置设立大型广告牌。在城镇生活区选择餐饮业发达的街区（通常成为食街），赞助餐饮店制作该品牌特色的招牌，并且统一格式。把人群密集、影响力大的食街做成该品牌样板街，所有店招做成该品牌啤酒要求的固定格式，增强视觉冲击。

与行业里强势企业相比，该品牌公司广告投放力度比较小，影响范围只限于广东省周边地区。为适应公司的五年发展战略，成行业领导者，该品牌准备加大广告投入，特别是与全国性媒体合作，把该品牌啤酒打造成全国品牌，逐步提升品牌价值。在广告形式的选择上，该品牌还应该注意多样化。互联网影响的人群范围逐步扩大，并且以年轻人为主，应该选择适当的形式进行网上宣传，吸引新顾客和培养忠实消费者。公交系统影响了城市生活的绝大部分人群，在公交车和公交站台投放广告可以起到很好的效果。私人轿车的发展让接近没落的电台广播焕发青春。在城市，电台听众主要是私家车主，而且有迅速扩大的趋势。在电台投放广告成本小，针对的受众又是高收入人群，所以应该逐步加大电台广告投入力度。报纸也是广告主要媒介之一，但是该品牌公司以往经验表明报纸广告针对性差，投入产出比低，广告效果不理想。所以，近三年该品牌忽视了报纸广告投放。今后的发展中该品牌也要适当选择报纸广告形式，使广告投放面对更多的受众。

2. 销售促进的实施

根据目的不同可以将该品牌啤酒的销售促进分为交易促销和消费者促销。

交易促销主要面对中间商，目标包括吸引中间商经营新的商品品目和维持较高水平的存货，抵消竞争者的促销影响，建立中间商的品牌忠诚和获得新的销售网点的机会。消费者促销的对象是消费者，目标包括鼓励消费者更多的购买啤酒，争取未试用者试用，吸引竞争者品牌的使用者。

（1）消费者促进工具

对消费者促销，该品牌主要应用以下工具纪念品广告、免费赠饮、开盖有奖、多买多送、情景销售。该品牌公司不定期向该品牌的顾客和潜在顾客赠送印有该品牌标志的雨伞、笔、打火机等小礼品，这些物品使潜在顾客记住公司的名字，并由于这些物品的有用性而引起对该品牌的好感。

免费赠饮是让潜在顾客免费试饮该品牌啤酒，吸引他们购买。在大型商场利用节假日时间开展赠饮活动，吸引更多的消费者购买该品牌啤酒。

开盖有奖是指在啤酒瓶盖里印有不同奖励额度的图案，顾客在购买啤酒后，凭有奖瓶盖进行兑奖。奖励物品应用最多的是现金奖励，其次是礼品奖励。

情景销售中的情景是指与消费者零距离接触的终端消费场所的情景。终端情景是该品牌啤酒的产品和品牌融合的综合性产物，是该品牌啤酒与消费者沟通的纽带之一。该品牌公司通过学习百事可乐的终端管理方法，结合企业自身情况，摸索出一套适合自身的情景销售模式。情景建设的内容包括：产品包装、VI 表现、售卖形式、陈列位置、陈列方式、整洁度、美观度、广告牌、店招、宣传 POP、辅助展示物（冰箱、水柜）等。

（2）交易促销工具

在交易促销方面，该品牌啤酒主要采用返利、价格折扣和运输费用补贴的方式。返利是该品牌啤酒主要交易促销工具，它是按照一定时间内的销售量对经销商进行补贴的一种方法。把销售量分成几个等级，不同等级设定不同的返利率，再用销量乘以返利率计算返利总额。例如，年销售量在 1 万至 2 万箱啤酒返利率为 0.1 元 / 箱，年销售 1.5 万箱啤酒的经销商就可以获得 1500 元返利，返利不仅是促销工具而且还是市场管理工具。为了维护市场的健康发展，该品牌公司与经销商签订合同要求各经销商按照公司统一的市场价格和规定的销售区域进行销售。如果违反合同，则视情节严重程度，按照合同规定的细则扣发经销商范例。

价格折扣是指在某段指定的时间内，经销商每次购货都给予低于正常订单的直接折扣。这一优待鼓励经销商购买一般情况下不愿购买的数量和新产品。经销商可将购货补贴做直接利润、广告费，但是一般不允许直接作为零售价减价。通常采用价格折扣的目的是抢占渠道资源或者是推广新产品，这在稳固的成熟市场该品牌公司一般不会采用。

价格折让是指某品牌啤酒对经销商提供折让，以此作为其开发和维护市场的补偿。在空白市场，该品牌采取价格折让的方式支持经销商开拓市场，所发生的市场费用不再另外结算。这种方法操作比较简便，但是容易引起跨区域销售，导致价格体系混乱。运费补贴是按照销售区域远近的不同给予运输补贴，支持外区市场的开拓。

3. 公关与宣传的实施

在公关与宣传方面，该品牌公司非常重视，屡屡投入大笔资金。主要的公关与宣传方式有赞助公益活动和艺术类表演活动，参加行业内的展览会，举办内部刊物，组建艺术团进行巡回演出等。

（1）该品牌公司支持扶贫活动，资助粤北贫困多病的斜塘村搬迁，并给部分贫困村民提供就业机会，起到很好的社会效应。充分体现了该品牌关爱社会、真情回馈的爱心。两次冠名赞助广东卫视举办的国际超模大赛活动，在传递艺术的同时，把该品牌啤酒和美联系起来，丰富该品牌的品牌内涵。

（2）组织专门队伍参加每一次全国糖烟酒展览会，在展览会上通过展台形象和宣传资料向顾客和消费者传递该品牌公司的信息。同时还在展览会现场开展赠饮活动吸引消费者和中间商。

（3）举办该品牌啤酒月刊（内部刊物），以赠送的方式给消费者。宣传啤酒科技和文化，宣传该品牌品牌。

（4）组建艺术团，以民间团体的名义参加各种演出，在奉献艺术的同时，把该品牌品牌传递给消费者，并且赋予某品牌啤酒艺术的内涵。该品牌艺术团在啤酒销售的大卖场进行路演，通过演出与消费者沟通，产生良好的广告效果。

4. 人员推销的实施

促销员推销是该品牌公司主要的促销手段之一。该品牌公司在啤酒销量比较大的销售场所派驻促销员，直接向消费者推销啤酒。促销员通常是年轻女性。人员促销主要在餐饮店进行，在餐饮店里啤酒属于即兴消费产品，顾客即买即消费，因此推销效果良好。推销员统一着装、统一言行，在啤酒销售的终端场所与消费者零距离沟通，配合生动的情景，为消费者创造良好的气氛。人员推销不仅能把企业和产品的信息直接传递给消费者，还可以和消费者互动，及时掌握消费者反馈的信息，为营销决策提供依据。人员推销成本高，管理难度大。该品牌公司的人员推销主要针对成熟市场，而开发中的市场未进行人员促销。

第二节　产品生命周期及影响策略

企业所营销的产品，从产品开发或进入市场销售开始，就需要多次地进行营销战略的修改。其中，重要的一个原因就是产品具有生命周期。

一、营销产品生命的理论概述

（一）产品生命周期简介

产品生命周期（Product Life Cycle—PLC）是指产品从开始进入营销直到退出营销所经历的时间过程。在这一时间过程内，产品的销售量和利润都会发生一定规律性的变化。因此，需要有不同的营销战略。产品生命周期主要描述了4个营销现象：任何产品营销时间是有限的，或者说产品有一个有限的生命；产品在生命周期内，面对不同的竞争情况；产品在生命周期内的销售量和利润经历有高有低的变化；由于引起销售量和利润的变化的市场原因不同，因此需要不同的市场营销战略。或者说，不可能有一个自始至终都能适应不同生命周期阶段的市场营销战略存在。

产品生命周期，按产品在市场上销售量的变化情况划分为 4 个时期：第一，引入期，在这一时期，销售量增加很慢，产品刚进入市场，需开支巨额的促销费用，利润很小；第二，成长期，产品被市场快速大量接受，销量和利润增加都很快；第三，成熟期，产品已为市场大量接受，增长放慢，销量和利润都达到最大；第四，衰退期，销量急剧减少。利润不断下降直到为负值。

比之销售量的变化，利润的变化使产品生命周期多出一个"开发期"，在开发期，企业是没有销售收入的，负利润是指对新产品开发投资。不是所有的产品都具有"S 型"销售变化曲线，根据产品生命周期的不同形态，还会有以下几种形式：第一，风格、时尚与时潮的生命周期形式：产品生命周期要随产品流行方式的不同，会有风格（Style）、时尚（Fashion）和时潮（Fads）3 个相互区别的生命周期形式。区分这 3 种形式的产品生命周期，对于企业解决其"市场跟进"策略有重要的意义。因为对大部分营销企业来说，都不是或很少是首创（也称是独创 Original Product）产品的营销者。因此，营销模仿产品的企业，就只能是市场上的"跟进者"，必须采取正确的跟进策略；第二，品牌：品牌大都是专门代表了某个营销者的产品。而一个特定的营销者又可以在某个品牌下用新的产品取代其原有产品。所以，品牌具有生命周期，但品牌的生命周期是不规则的。

一般地说，品牌具有两种生命周期：第一，成功品牌。具有很长的生命周期——通常为市场名牌。需要指出的是，品牌的成功，不是靠品牌本身，而是要借助有高度市场认可度的品牌，不对使用此品牌的产品创新，才能使一个品牌得以永葆青春。第二，短命品牌。没能取得市场成功的品牌。

产品生命周期其他形态有三种：第一，成长——衰退——成熟。即产品进入市场后，很快就有增长，销售量迅速上升，之后，将稳定在一个接受水平上，保持很长时期。之所以销售量可以长期稳定在一个水平上，是因为这种产品的后期购买者才开始购买，而那些早期采用者已在进行第二次购买了。但是，二次购买的规模不如首次购买。像小型办公用家具、厨房用具等有此种情况。第二，循环——再循环（Cycle-recycle）。这种产品生命周期具有两个循环期。如果企业能对进入衰退期的产品进行成功的"市场再营销"活动，如重新促销、改进产品等、可能使一个要衰亡的产品再次进入一个新的生命周期。一般地，如果企业能够为一种产品发现的新用途或者寻找到新市场，则可能再营销成功。第三，扇形（Scallop）。如果营销者能为产品不断地找到新用途、新用户、新市场、发现产品的新功能或用途等，可使一种产品销售量持续增加，其中就单一一个用途来讲，有明显的生命周期变化，但能使总的销售量呈增长态势。

（二）产品生命周期曲线

生命周期曲线的特点：在产品开发期间该产品销售额为零，公司投资不断增加；在引进期，销售缓慢，初期通常利润偏低或为负数；在成长期销售快速增长，利润也显著增加；在成熟期利润在达到顶点后逐渐走下坡路；在衰退期间产品销售量显著衰退，利润也大幅度滑落。如图 4-1 所示：

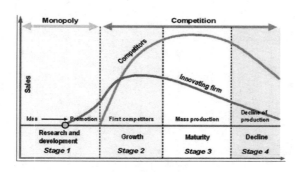

图 4-1　产品生命周期曲线

适用范围：该曲线适用于一般产品的生命周期的描述；不适用于风格型、时尚型、热潮型和扇贝型产品的生命周期的描述。

特殊的产品生命周期包括风格型产品生命周期、时尚型产品生命周期、热潮型产品生命周期、扇贝形产品生命周期四种特殊的类型，它们的产品生命周期曲线并非通常的 S 型。

风格 (style)：是一种在人类生活基本但特点突出的表现方式。风格一旦产生，可能会延续数代，根据人们对它的兴趣而呈现出一种循环再循环的模式，时而流行，时而又可能并不流行。

时尚 (fashion)：是指在某一领域里，目前为大家所接受且欢迎的风格。时尚型的产品生命周期特点是，刚上市时很少有人接纳（称之为独特阶段），但接纳人数随着时间慢慢增长（模仿阶段），终于被广泛接受（大量流行阶段），最后缓慢衰退（衰退阶段），消费者开始将注意力转向另一种更吸引他们的时尚。

热潮 (fad)：是一种来势汹汹且很快就吸引大众注意的时尚，俗称时髦。热潮型产品的生命周期往往快速成长又快速衰退，主要是因为它只是满足人类一时的好奇心或需求，所吸引的只限于少数寻求刺激、标新立异的人，通常无法满足更强烈的需求。

扇贝型产品生命周期主要指产品生命周期不断地延伸再延伸，这往往是因为产品创新或不时发现新的用途。以上四种特殊生命周期的图示如图 4-2 所示：

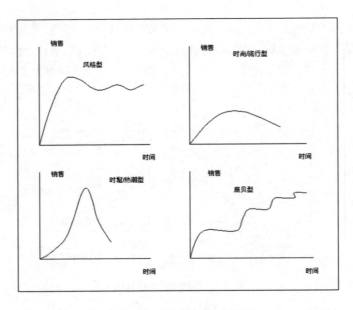

图 4-2　特殊的产品生命周期

（三）产品生命周期的特征

在产品生命周期的不同阶段中，销售量、利润、购买者、市场竞争等都有不同的特征，这些特征可用表 4-1、4-2 概括。

表 4-1　产品生命周期不同阶段特征

	导入期	成长期	成熟期		衰退期
			前期	后期	
销售量	低	快速增大	继续增长	有降低趋势	下降
利润	微小或负	大	高峰	逐渐下降	低或负
购买者	爱好新奇者	较多	大众	大众	后随者
竞争	甚微	兴起	增加	甚多	减少

表 4-2　产品生命周期各阶段特征与策略

阶段		引进期	成长期	成熟期	衰退期
特征	销售额	低	快速增长	缓慢增长	衰退
	利润	易变动	顶峰	下降	低或无
	现金流量	负数	适度	高	低
	顾客	创新使用者	大多数人	大多数人	落后者
	竞争者	稀少	渐多	最多	渐少

阶段		引进期	成长期	成熟期	衰退期
策略	策略重心	扩张市场	渗透市场	保持市场占有率	提高生产率
	营销支出	高	高（但百分比下降）	下降	低
	营销重点	产品知晓	品牌偏好	品牌忠诚度	选择性
	营销目的	提高产品知名度及产品试用	追求最大市场占有率	追求最大利润及保持市场占有率	减少支出及增加利润回收
	分销方式	选择性的分销	密集式	更加密集式	排除不合适、效率差的渠道
	价格	成本加成法策略	渗透性价格策略	竞争性价格策略	削价策略
	产品	基本型为主	改进品，增加产品种类及服务保证	差异化、多样化的产品及品牌	剔除弱势产品项目
	广告	争取早期使用者，建立产品知名度	大量营销	建立品牌差异及利益	维持品牌忠诚度
	销售追踪	大量促销及产品试用	利用消费者需求增加	鼓励改变采用公司品牌	将支出降至最低

（四）产品生命周期优缺点

产品生命周期理论的优点是：产品生命周期 (PLC) 提供了一套适用的营销规划观点。它将产品分成不同的策略时期，营销人员可针对各个阶段不同的特点而采取不同的营销组合策略。此外，产品生命周期只考虑销售和时间两个变数，简单易懂。

其缺点是：

（1）产品生命周期各阶段的起止点划分标准不易确认。

（2）并非所有的产品生命周期曲线都是标准的 S 型，还有很多特殊的产品生命周期曲线。

（3）无法确定产品生命周期曲线到底适合单一产品项目层次还是一个产品集合层次。

（4）该曲线只考虑销售和时间的关系，未涉及成本及价格等其他影响销售的变数。

（5）易造成"营销近视症"，认为产品已到衰退期而过早将仍有市场价值的好产品剔除出了产品线。

（6）产品衰退并不表示无法再生。如通过合适的改进策略，公司可能再创产品新的生命周期。

二、产品生命周期营销的创新途径

对企业营销经理人员来说，产品生命周期理论之最重要意义在于制定适宜的营销战略。

（一）引入期的营销战略

引入期产品的市场特点分为这几种：目标市场的绝大部分消费者不熟悉该产品，或对企业生产的产品还缺乏信任或了解，因此，购买者较少。由于购买者较少，因此销售量很小，增长也较慢。鉴于以上两个原因，再加之企业需要对新产品花费较多的促销费用和当前生产批量小、因而没有规模经济效益，所获利润也少。但同时有一个益处，即竞争者还没有加入竞争，竞争不激烈。在引入期，因为顾客面对的是不熟悉甚至是完全不知道的产品，因此营销管理中面对要解决的任务是：一是让潜在或目标顾客知道产品；二是形成渠道能力，使目标顾客就近就能够接触或进一步了解产品；三是促使顾客能够试用产品。

（二）成长期的营销策略

成长期的市场特点是消费者对产品已经相当熟悉，消费的欲望逐渐增加，加入购买的人越来越多；销售增长很快；营销的利润也以较快的速度增加，产品显示出较大的市场吸引力；竞争者已能看清该产品的市场前景，不断地进行仿制和跟随，加入竞争。

产品处于成长期时，企业需要选择维持高增长率还是选择当前的高利润。如果趋向前者，那么经理人员主要着眼于对当前市场份额的保持和市场推广扩大工作。但是，当遇到竞争者用更好的经过改进的产品进入市场，这种利润攫取的期限就此完结；如果追求更长的利润，则经理人员需要在诸如产品改进、渠道扩展、顾客关系及品牌改良方面增加花费，大量地投资，当期利润将受到影响，但是在进入成长期后，有可能得到较高的回报。

通常来说，成长阶段可采取的营销战略为：第一，改进产品或提高产品的质量，以继续保持产品对目标市场消费者的吸引力；第二，企业积极地发现新的细分市场，并进入之；第三，为适应购买快速增长，应及时建立新的分销渠道；第四，企业的广告目标，应从介绍和传达产品信息转为说服和诱导消费者接受和购买产品；第五，如果市场上消费者是价格敏感型的，选择一个适当的时候降价，使更多人加入购买行列，扩大产品占有份额和增加销售量。

（三）成熟期的营销策略

成熟期是产品生命周期中时间最长的一个阶段，因此可以分为 3 个时期：一是成长中的成熟，主要的分销渠道已经饱和，没有或很少再有新的分销渠道可以开拓了。一些很后期的购买这会加入进来，因为缺少分销渠道，营销者不能充分利用之；二是稳定中成熟，由于市场饱和，销售量主要与人口增长、重复购买率有关，销量增加很少；三是衰退中的成熟，此期间，销售量已经开始下降，有些顾客会开始转向其他的产品或替代品上去。总的来看，成熟期的市场特点为：市场上愿意采用该产品的消费者已经大部分采用了该产品，新增加购买的消费者越来越少；销售的绝对量达到最多，但销量增加越来越少。在过了饱和点后，销售量开始停止增长或下降；利润量达到最大，其的增加也越来越少；市场竞争达到最激烈的程度，竞争的手段也复杂化，甚至出现激烈的"价格战"。产品进入成熟期以后，企业的营销经理人员，应该将重点放在保持已取得的市场占有额以及尽量扩大市场份额。成熟期所适应的营销策略是：市场改进，目的或意图主要是力争充分发掘现有细分市场和产品的潜力，以求进一步扩大销售量。

企业产品的销售量主要是受两个因素的影响：销售量＝品牌的使用人数 × 每个使用者的使用率。因此，扩大销售量，具有两个主要的努力方向。（1）扩大品牌的使用人数。有三种策略做法：第一，转变非使用者；第二，进入新的细分市场；第三，争取竞争对手的顾客。（2）增加顾客使用率。

有以下策略：第一，增加使用次数；第二，增加每次的使用量；第三，发现产品的新用途。

处于成熟期的产品还可以采用对产品的质量、风格、特点及服务因素的改进，来保持已有的市场份额和尽力扩大已有的市场份额：首先是质量改进。质量改进主要可以通过对产品增加功能、提高耐用性、可靠性等方面实现。往往需要向顾客宣传产品质量改进给顾客所带来的额外好处。质量改进策略的有效范围是：质量的确有改进的可能性；并且，改进质量所增加的费用，营销企业能主要不依靠提高售价而能通过增加销售量来取得资金补偿或使利润增加；其次，特点以及样式的改进。为产品不断地增加某些新的特点，或者对外观样式进行改变，往往可使企业的产品保持强大的市场吸引力，或是能够刺激起顾客新的消费欲望。日本的家电企业，在产品进入成熟期后，总是不断地进行一些较小特点和样式的改进，每次都能使产品获得一个溢价或保持其的市场吸引力。

此外，还可以营销组合的改进，主要有以下一些策略：第一，价格。企业可以通过直接地降低价格，或者是加大价格的数量折扣、提供更多的免费服务的项目等办法，使顾客享受到价格的好处，以保持顾客量或增加新顾客。第二，分销。企业可以尽量渗透到更多的分销网中，或者进入（或建立）某些新的分销网，以增大产品的市场覆盖面，取得还可能有的新顾客或者保持原有的市场份额。第三，广告。在成熟期，应对原来的广告的有效性重新作定位检查，以确定是否需要重新设计广告，或者改变广告原来的创意，重新激起顾客注意。第四，促销。企业在成熟期，往往采取更为灵活的促销方式，以及不断创新的促销方法，来保持产品的既有销量和企图掀起新一轮的消费热潮。

（四）衰退期的营销战略

衰退期的市场特点通常是顾客人数在不断地减少；销售量快速下降；价格已难以维持原有的水平，经营的利润在减少，减少的速度越来越快，直至成为负利润；某些竞争者开始退出竞争。

产品进入衰退期后，企业必须对老化的产品做出及时的决策。是应该放弃还是坚守，需视企业的经营实力和产品还具有的市场潜力而定。简单地放弃或是不顾实际情况的坚守，都会使企业蒙受损失。因为在衰退时期企业的策略的选择，决定于本行业对企业存在的吸引力和相对于竞争者的实力。衰退期的策略有：

（1）增加企业对现有产品经营的投资，进一步扩大经营规模。这适宜占市场份额最大的（市场领先）企业采用，因可以抢占某些退出的竞争对手所放弃的市场或争取其顾客。

（2）保持原有的投资水平，既不增加规模也不扩大规模。这适宜于市场份额较大的企业，在市场还具有一定的潜力，或不能清楚地预见市场下一步的情况会是怎样时采用。

（3）有选择地进行收缩。即将某些销售额过小的细分市场放弃，在较具潜力的细分市场保持原有的规模或扩大规模。这样做的结果是，企业的投资可能有所缩减，或者是保持原有的水平。这适宜于市场占有额中等的企业采用。

（4）收割。加速从现在经营的业务或产品中收取尽可能多的现金或利润。这适宜市场占有额较小的企业采用。

（5）放弃。迅速处理某项产品占用的资产，放弃经营该项业务或产品。市场占有额很小的企业一般应采取这种策略。

三、实例：基于产品生命周期理论的物流需求及对策

（一）产品不同生命周期阶段的战略目标

一种产品在从进入市场，到最后衰落退出市场的整个生命周期内，企业或者企业家针对自己的产品在各个阶段会制定不同的战略目标，在引入期以吸引顾客为主要目的，在成长期以占领市场为目标，在成熟期为打造企业品牌，而在衰退期的战略目的则是开发新产品。从销售方面来讲，在此目标的指引下，企业合理安排企业的人力和财力，为创造利润形成有效的市场营销策略。我们知道在以 HI 为核心的营销方式中，渠道的变化制约着企业物流需求模式选择的变化，所以营销方式的转变，会改变企业的物流需求。此外，从供应角度来讲，产品不同生命周期阶段的战略目标，对于供应商的选择，企业采购决策、库存管理等也同样产生巨大影响。也就是说，从整个产品的供应链角度来看，产品不同生命周期的不同的战略目标，需要不同的供应链战略与其匹配，企业应当在此角度上以动态的眼光来选择自己的物流运作模式。

（二）产品不同生命周期阶段的物流需求及对策

1. 引入期

在产品的引入阶段，新产品投入市场，此时顾客对产品还不了解，除了少数追求新奇的顾客外，几乎没有人实际购买该产品，产品的边际利润较高、潜在需求不确定性却很大。企业的战略目标在这个时候主要集中在"吸引顾客"阶段，企业花大量的时间和精力在终端的促销上，广告投入非常大。而在物流需求方面，既然引入新产品的最初目标是要在市场获得立足之处，那么能满足顾客随时可以获得存货就显得至关重要。而且顾客购买体现出小批量，高频率，交货的及时性，一旦出现缺货，就有可能抵消营销战略所取得的成果。因此在这一阶段，物流模式选择需要有高度的产品可得性和灵活性，在制订新产品的物流支持计划时，必须考虑厂商应具有迅速而准确地提供产品补给的能力。此外，由于是市场开发阶段，对于市场的实际需求很难做到准确的预测，所以针对顾客小批量并且不稳定的购买，企业如果保持大量的库存和存货是致命的，因此在新产品引入阶段，如何权衡充分满足顾客需要又回避高代价的物流支持是管理者亟待解决的问题。

在刚投入市场时，零售商可能在提供销售补贴的情况下才同意储备新产品，订货频率不稳定，缺货将大大抵消促销努力，产品未被市场认同而夭折的比例较高。此时在设计供应链时，原材料、零部件应小批量采购，尽量减少企业自身的库存，但同时又要和供应商保持信息共享，能快速及时的发货。而对于企业生产物流而言，同样要在减少产成品库存的基础上，能够及时按照订单柔性生产。在销售物流方面，完善分销渠道，简化"生产商——经销商——零售商"这一传统的渠道模式，因为中间环节越多，送货周期越长，交

货及时性越差，并且对于小批量货物的分销，很难形成规模效应，中间环节越多，物流成本越大。

2. 成长期

在产品生命周期的成长阶段，产品取得了一定程度的市场认可，并且需求预测较为准确。企业在这一阶段的战略任务是抢占市场，扩大市场占有率，当然这一时期也需要开始收回企业当初投入在引入期的成本费用。物流活动的重点已从不惜任何代价提供所需服务，变为更趋平衡的服务与成本绩效。此时，企业的关键是要尽可能实现收支平衡的销售量，然后扩大其市场覆盖面。

在成长阶段，市场营销面临的挑战是要按需求增长的速度进行销售。处于这种成长周期的企业为了满足企业供应链管理战略和竞争战略的匹配，开始改变原来的柔性化供应链设计，开始转向营利性的供应链，最大程度上追求规模效应，降低成本。企业在这个阶段具有最大的机会去设计物流作业以获取利润，物流活动开始真正成为企业的"第三利润源"。针对这一阶段的物流需求的对策如下：

（1）较大批量地采购原料与发货

因为在成长阶段最大的目标是最大限度地占领市场份额，扩大产品知名度。故为了满足顾客需求及节约相应成本，我们可以大批量采购及发货，产生规模效应，创造更大的销售增长点，这样也可给新进来的竞争者以压力，以此来巩固企业本身的市场地位。

（2）建立广泛、密集的分销物流体系

在成长阶段，企业为扩大市场占有率和巩固市场地位，会建立广泛且密集的产品分销网络，而这一网络的建设离不开强大的物流网络支持。这一阶段的物流决策在于选择合适的经销商稳定自己销售网络，建立与分销商的供应链伙伴关系，让分销商及时反馈顾客的需求信息，以便改进产品的存在的问题。

（3）改变供应链设计，让物流创造"利润"

销售量的上升引起的大批量采购、大批量发货都使企业的物流系统得到充分利用，运输、流通加工、装卸搬运等物流功能的劳动生产率和设备利用率也得到很大的提高，改变供应链设计，合理安排物流运作，让企业的供应链成为真正的"价值链"。

3. 成熟期

经过成长期之后，随着购买产品的人数增多，市场需求趋于饱和，产品便进入了成熟期阶段，产品边际利润降低，潜在需求不确定性变小。在这一时期，企业的战略目标是营造品牌，以产品品牌延长产品生命周期。饱和成熟阶段具有激烈竞争的特点，因为某种产品的成功，往往会引来各种替代的竞争，作为响应，调整价格和服务就成为企业的一种标准的战略措施。面对激烈的竞争和较低的边际收益，企业要打造自己的品牌，就必须提高顾客忠诚度，提供更多的增值服务，这其中很大一部分是由物流部门来完成，提高物流服务水平成了这一时期物流需求的核心。一般来说，企业在这个阶段的物流决策有以下两种：

（1）成立大型配送中心，覆盖所有的销售网络，完善现代增值物流服务。由于在这一阶段需求稳定，每个销售网点的需求量和配送中心的发货量都是可以控制的，需要多少、缺货多少也能得到及时的反馈。由于在成长期企业已经建立了广阔的销售渠道，所以在这一阶段的配送线路方案相当于已经明确，企业需要重点考虑的是配送中心的选址和配送方式的选择。一般情况下，在产品的成熟饱和期，由于顾客对产品价格比较敏感，企业在营销角度都会通过降价来扩大销售，这样产品的边际收益大大降低，所以再做直达终端的配送方案成本过高。从而，除大型的核心客户以外，企业的配送终点一般截止到批发商和零售商的仓库，让顾客自己前来取货的方式。而对于配送中心的选址则取决于各个网点的需求量。

（2）物流外包，利用第三方物流公司来降低物流成本，同时又提高增值服务。对于第一种对策而言，成立大型自动化的配送中心，要求企业在物流信息系统、装卸搬运、车辆运输都提出了更高的要求，而且需要大量的资金投入，对于中小型企业而言，这是一件难以实现的事情。此外，由于在这一阶段企业的目标是打造品牌，也就是打造企业的核心竞争力，这样物流服务的改善是为了提升企业竞争力，而不是成为企业的核心竞争力。这样，企业应当分清主次，将这一阶段的物流需求交由第三方物流公司来完成。这样不但能降低物流成本，而且还可以享有专门的物流公司提供的专业化服务。

4. 衰退期

随着科技的发展、新产品和替代品的出现以及消费习惯的改变等原因，产品的销售量和利润持续下降，产品从而进入了衰退期。产品的需求量和销售量迅速下降，同时市场上出现替代品和新产品，使顾客的消费习惯发生改变。此时成本较高的企业就会由于无利可图而陆续停止生产，该类产品的生命周期也就陆续结束，以致最后完全撤出市场。当一种产品行将消亡时，企业的管理部门所面临的抉择是要在放弃出售产品或继续配送等可选方案之间进行平衡。于是，一方面，企业的物流活动必须被定位于继续维持相应的递送业务；另一方面，当产品万一被剔除时又不至于冒过多的风险。此时作为企业的目标，如何最大限度地降低风险比起最大限度地减少物流活动成本显得更为重要。

企业在这一阶段的战略目标是开发新产品，投入相对较多，对于原有产品的物流投入减少到零，企业不再需要大量采购原材料和零部件，甚至只需要把积压的库存处理掉。即使偶尔会有顾客需求购买，对于衰退期这种低需求量并且响应时间不高的物流需求来说，保持较高的安全库存是完全没有必要的，采用按订单生产才是最适合的。所以，合适的物流需求对策是产品存储在制造商处，利用直接发货或在途合并递送到顾客处。

综上所述，产品生命周期虽然多是用来描述企业的市场营销策略，但它为基本的物流战略展示了随时根据服务需求进行调整的范围。对于物流活动来说，与市场营销组合的其他要素一样，在战略上需要根据市场竞争状况进行适当的调整。物流活动所支持的服务层次和性质会随生命周期而变化。一般说来，新产品在引入阶段需要高水准的物流活动和灵活性，以适应物流量计划的迅速变化；在生命周期的成长阶段和饱和成熟阶段中，重点就会转移到服务与成本的合理化上；而在衰退阶段，厂商则需要对物流活动进行定位，使风险处于最低限度。

第三节　品牌设计营销策略

所谓品牌形象，就是指企业通过将某种品牌与目标消费者生活工作中的某种事物、某些事件之间建立起的一种联系。这种被联系的对象经常就是品牌的形象。品牌形象是一个综合的概念，它是受感知主体的主观感受、感知方式、感知背景影响的。不同的消费者，对品牌形象的认知和评价很可能是不同的。当然，作为企业总是力图在所有消费者心目中都树立一个清晰、健康、良好的形象。

一、品牌设计的原则与方法

（一）塑造品牌形象的原则

1. 民族化原则

在国际化的今天，品牌的成功之源仍是品牌的民族文化特质。品牌在空间上的国际化、本土化，并不意味着品牌自身的文化丧失。相反，品牌的文化内涵从来都是民族性的，而不是国际化的。一个成功的、历史悠久的国际品牌，总是体现着这个国家、这个民族最根本的民族性和文化内涵。例如德国的民族文化内涵是严谨、注重细节、强调质量、不强调速度，这在西门子品牌中得到了充分的体现：尖端的技术和过硬的质量，表现出来的仍是德国人的严谨和踏实，就是在公司的发展战略上，西门子公司同样也保持着德国人的严谨与稳健。

2. 求异原则

在塑造品牌形象的过程中，除了要遵循民族化原则，能否展现出自己品牌的独特性也是十分关键的。如果品牌形象与其他已有品牌过于相似，就难以在消费者心中留下深刻印象，甚至落入被认为是恶意模仿的尴尬境地。例如，宝洁公司的著名洗发水品牌"海飞丝"，在品牌塑造时一直抓住去屑功能不放，如果某新推出的洗发水品牌在广告宣传中也强调其去屑功能，就难以胜于"海飞丝"和吸引消费者的目光。因此，个性化是品牌形象塑造中非常重要的一个环节。

3. 长期性和兼容性原则

品牌形象还是企业形象的重要组成部分，塑造品牌形象也应与塑造企业形象相互一致，相互促进，以谋求企业的长远发展。例如，M&M巧克力的广告语"只溶在口，不溶在手"，十分形象地体现出产品的特色，而且上升到了精神领域，具有了真正的内涵，让竞争者难以效仿赶超，而且自从打入中国市场就一直使用，让消费者难以忘怀。

（二）塑造品牌形象的方法

在塑造品牌形象时，除了对那些功能性较强的产品，要特别强调其功效外，在那些竞争激烈的行业，产品功能的差别越来越小，单纯依靠宣传其功能已经难以突出独树一帜的品牌形象，此时应当从更广泛的意义上去挖掘并赋予品牌以鲜明的风格。

1. 情感导入策略

品牌绝不是冷冰冰的符号名称，它有自己的个性和表现力，是沟通企业和公众感情的桥梁，人们在内心深处都渴望真挚、美好的感情出现。因此如果品牌能在消费者的心中而不是大脑里占据一席之地，占据一方情感空间，那么这个品牌的塑造就是成功的。例如，芭比·蜜丽森·罗勃兹，也就是人们熟知的芭比娃娃，它已经44岁了，但依旧风靡全球，在全球绝大多数的国家和地区都有销售。多年被美国著名的玩具杂志评为美国畅销玩具，就是在电子玩具大行其道的90年代，芭比娃娃仍是美国十大畅销玩具之一，在世界百强商品中，芭比更是唯一的玩具商品。是什么让芭比娃娃具有如此大的吸引力？除了她漂亮的外表，更重要的是公司给芭比赋予了情感化的形象，他们利用广告，树立了芭比拟人化和情感化的形象，在电视报刊上开辟"芭比乐园""芭比信箱"，拍摄芭比卡通片，组织芭比收藏会，芭比的形象就这样叩开了女孩们的心扉，经久不衰。

2. 心理定位策略

著名市场营销专家菲利浦·科特勒提出，人的消费行为变化可分为三个阶段：第一个阶段是量的消费，第二个阶段是质的消费，第三个阶段是感性消费阶段。到了第三个阶段，消费者所追求的是产品与自己的密切程度，或只是为了得到情感上的一种满足，或是追求商品与理想自我的吻合。因此，企业应顺应消费者消费心理的变化，以恰当的心理定位唤起消费者心灵的共鸣，树立独特的品牌形象。例如，宝马汽车的定位是"赋予驾驶的愉悦"，它强调感性和浪漫的色彩，由此赢得了众多年轻消费者的喜爱。而奔驰则注重理性和实用，因此倍受稳健持重的人士青睐。

3. 文化导入策略

品牌文化是在企业、产品历史传统基础上形成的品牌形象、品牌特色以及品牌所体现的企业文化及经营哲学的综合体。品牌需要文化，品牌文化是企业文化的核心，品牌文化可以提升品牌形象，为品牌带来高附加值。如果企业想要造就国际品牌，背后就更需要有根源于本国的深厚的历史文化积淀。例如万宝路香烟代表的是粗犷、洒脱、阳刚的男子汉，它的成功主要得益于"男性文化"的导入，使其品牌形象独具魅力。而另一种日本的香烟品牌"七星"（Mildseven），呈现出的则是完全不同的气氛，那是银装素裹的冰雪世界，给人的是清凉的感觉，这就是暗示着它的柔和、甜美。每一个品牌都应当着眼于塑造差异性的品牌文化，以文化动人。

4. 专业权威形象策略

专业权威形象策略可以突出企业的品牌在某一领域的领先地位，增强其权威性，提高信赖度。例如，著名牙膏品牌"高露洁"，在广告宣传时强调是中华口腔医学会和中华预防医学会共同推荐；宝洁公司在这方面表现也很突出，在它的牙膏品牌"佳洁士"系列广告中，一个中年牙科教授的形象多次出现，她通过向小朋友讲解护齿知识等，来肯定佳洁士牙膏不磨损牙齿还防蛀的效果，而且还有佳洁士医学会的认证，更权威；洗发水品牌"海飞丝"也多次借专业美发师之口，强调产品出众的去屑功能。

5. 质量管理策略

影响品牌形象的因素很多，包括产品的品质、功能的多寡、安全性、创新性、价格等等。但最基本的还应当是产品的质量。日本的产品之所以在世界上形象好，主要是得益于重视质量管理。早在 1949 年，日本就实施工业标准法，第二年，就依据此法颁布制定了 JIS 标准制度，使工业产品的品质有了法律规范。随后在规格协会与品牌管理推动单位的协助下，日本工业规格更为周全与使用，不但符合经营者的需求，也顾及了消费者的利益，间接提高了日本品牌形象。有些品牌虽然已经在消费者心目中具有了良好的形象，但一旦出现质量问题，也会使品牌优势顷刻间化为乌有，"南京冠生园事件"就是一个典型的例子。"冠生园"由冼冠生于 1918 年在上海创立的品牌，中华人民共和国成立前在全国各地逐步设立的分公司、子公司，是享誉大江南北的优秀品牌。2001 年 9 月 4 日，中央电视台"新闻 30 分"节目将南京冠生园把隔年馅料回炉使用的事件予以曝光，使这个深受人们喜爱和信赖的中华老字号顿时名誉扫地，就连和它没有任何资产关系的其他地区的冠生园品牌也大受牵连，令人扼腕痛惜。冠生园事件也许会给我们带来许多启示，但由于产品质量问题，而砸了近百年老字号的教训是发人深省的。

6. 品牌形象代言人策略

在市场营销中所指的代言人，是那些为企业或组织的营利性目标而进行信息传播服务的特殊人员。早在 20 世纪初，力士香皂的印刷广告中就有了影视明星的照片。成功运用品牌形象代言人策略，能够扩大品牌知名度、认知度，近距离与受众沟通，受众对代言人的喜爱可能会促成购买行为的发生，建立起品牌的美誉度与忠诚度。

在我国，品牌形象代言人策略也被广泛应用，其中又属运动鞋、化妆品、服装行业最为突出。运动鞋广告大多运用了品牌形象代言人，其中包括少量优秀运动员代言人，以强调品牌所代表的追求高超的竞技水平和永不言败的体育精神，还有使用的形象代言人是歌星或者影视明星。这是因为运动鞋的目标消费群主要是青少年和青年，而这个消费群正处于对明星人物的喜爱和崇拜的年龄段，商家就是想利用这些当红明星的影响力和号召力吸引消费者。青年人购买心理较不成熟，他们往往会出于对品牌代言人的喜爱而购买商品，而不是真正看重商品本身。

二、品牌设计营销的创新途径

中国快销品市场竞争目前异常激烈，随着竞争加剧，竞争形式也在发生根本性的变化，由原来以产品为基础的竞争已上升为全面的品牌竞争，品牌已成为企业参与市场竞争最有力的武器，因此，品牌建设也已成企业经营的重头戏。在这种严峻的市场形势下每一个企业都在想千法设百计来快速提升自己的品牌，而立于不败之地。

（一）打造明星产品

什么是明星产品？明星产品是企业利润的增长点，而且对提升品牌起着关键性的作用。它就像一把利剑，能迅速将市场打开一个缺口，让你的品牌在市场上鹤立鸡群，甚至是所向无敌。明星产品的打造对企业而言是极其重要，尤其是中小企业，它可以决定企业的命运与前途。但很多企业不知道如何打造自己的明星产品，总想以多取胜，结果就出现产品越多企业运作越困难状况。那么，如何打造明星产品呢？打造明星产品不能盲目进行，要考虑以下几个方面的问题。

1. 市场容量相对要大

市场容量大是产品成就明星产品的基本条件之一，如康师傅的红烧牛肉面、白象的大骨面、华丰魔法士敢吃面、思圆魔鬼辣面等这些品牌产品做得都非常成功。反之，如果是一个没有市场容量的产品即使做得再好，也不能成为明星产品，成为企业效益增值点。

2. 市场竞争相对要小

在开发明星产品时尽量避开竞争大的市场去运作。例如水井坊运作时，在进行市场调研分析后，发现中国中、低端白酒市场竞争非常激烈，因此，它就定位于竞争相对较小的高端白酒市场，而取得骄人业绩。

3. 市场切入要适当

不能超前，也不能太晚，如当年的旭日升冰茶由于进入市场太早，产品虽然不错，但由于概念超前，结果由先行者变成先烈。另外，企业在进行明星产品打造时也要考虑到两点：一是明星产品打造一定要与企业的发展战略高度一致，二要与企业的综合实力相匹配。很多企业虽然也开发出自己的明星产品，但由于这些因素最终导致明星产品还没出名就夭折了。

定位和包装是明星产品打造的关键。很多产品失败的原因都与定位不准、包装不到位有关。那么，如何对明星产品进行定位与包装呢？

（1）准确区隔。明星产品一定要定位准确，与同类品牌产品形成明显区隔。如今麦郎以"弹"面作为产品区隔点，当年五谷道场以"非油炸"作为产品的区隔等，形成与其他品牌产品的明显不同，从而赢得消费者青睐。

（2）挖掘卖点。鲜明的卖点是普通产品成为明星产品基础，是吸引消费者与消费者建立认知的关键。为什么那么多的女性消费者爱喝统一的鲜橙汁？因为它喊出了"多C多漂亮"。

（3）改造名称。俗话说名正言顺。所以对于明星产品名称的改造是十分重要的，它能带给消费者一个全新感觉。试想一下如果水井坊仍然叫全兴、今麦郎弹面仍然叫华龙，其结果是什么样？不否定它们成不了明星产品，但可以肯定正是其名字的改造，才促使它们迅速地成为了明星产品，从而实现了由明星产品到明星品牌的跨越。

（4）创新包装。包装是产品的外衣，是展示产品形象和与消费者沟通最直接的内容，好的产品包装会说话、会促销。因此，对明星产品包装创新和改造也是非常重要的一件事，蓝色经典的成功也充分说明这一点。

（二）创造市场领先

创造市场领先要比技术领先更重要，技术领先是市场领先的基础和保障。拥有先进技术不一定拥有领先的市场。品牌建设中我们重点强调的是市场的领先，当然也不能忽视技术的领先。在业内流行一句话"成为第一胜过做得更好"。其实对于品牌建设也是如此，创造市场领先是快速提升品牌的制胜法宝。企业在品牌建设中要么成为第一，要么独辟蹊径，如果你不能做第一，那么你就去做唯一，否则，你是很难取得成功的。

企业在提升品牌和品牌建设过程中为什么要做到市场领先？因为市场领先就意味着高额销售量和回报率；市场领先意味着你的品牌拥有最好的广告效应；市场领先就意味着你的企业拥有最佳的规模效应，市场领先对于供应商、经销商、消费者等合作伙伴来说就意味着企业拥有最强的讨价还价能力，市场领先就意味着企业拥有最优秀的人才等。可以看看那些市场领先的品牌如可口可乐、雀巢、康师傅、伊利、蒙牛等，哪个品牌不是如此。那么，企业在品牌实际运作中，如何创造市场领先来提升品牌从而达到品牌的领先呢？

1. 品类创新

品类创新就是在原来产品类别和服务的基础上进行创新或开辟一个新的领域，以达到品牌或产品在所开辟的市场中独占和独享。品类创新在技术含量比较低行业内应用比较多，如快速消费品，成功的例子也比比皆是。如喜之郎其实就是在皮冻的基础上进行创新的，试想，如果喜之郎还在卖皮冻的话它怎么也卖不到十几个亿，也不可能成为果冻的第一品牌。还有美好时光海苔，其实就是我们常吃的紫菜，经过概念的创新而迅速成为这一品类第一品牌。再如雅客V9要还是卖普通糖果的话，说不定早已倒闭，就是在普通糖果里加点维生素，使其起死回生，一举成为VC糖果的第一品牌。

2. 概念创新

品类的创新往往都有概念创新的成分在里面，但单纯的概念创新只是在不经过产品创新的基础上进行的，如七喜非可乐玩的就是概念，产品的本身还是碳酸型饮料，当初为了避开与可口可乐和百事可乐的竞争，来快速提升品牌，就定位非可乐的概念，还有劲跑第二代功能饮料，其实和第一代没有本质的区别，但它这么一说给消费者感觉比第一代好似的，其实这些走的都是概念之路，目的是为快速提升品牌和销量。

3. 技术创新

在前面我们讲过，创造领先主要讲的创造市场领先，但技术创新为市场创造条件，也是不容忽视的，当然其中不乏技术概念性的东西在里面，例如当年大家都在说自己水纯净时，乐百氏却从技术的角度告诉消费者，乐百事纯净水27层净化，让消费者感到乐百事的技术好，水更好的联想，从而使乐百事成为纯净水的老大。

4. 价值创新

白加黑感冒药我想很多人都吃过，这个药就是典型价值创新的一种，它不仅仅告诉患者治感冒，而且还告诉你"白天吃白片不瞌睡，晚上吃黑片睡得香"。雀巢三合一咖啡为什么卖那么好，就在于它的价值创新，当人们自己磨咖啡比较麻烦时，去咖啡店又不方便时，雀巢推出了方便装三合一咖啡，打开一冲即可饮用，大大提高消费者的便利性，其实这也是价值创新。

（三）进行概念聚焦

对于品牌建设而言，再没有比能拥有一个代表自身特色的概念来占据消费者心智模式更重要了。但在品牌建设的工作中，我们中国企业并不注重这些，往往比较迷信于优质产品荣誉，如什么"中国名牌"、中国驰名商标、免检产品等这些对企业来说比品牌建设更重要，很多企业在品牌的宣传中就直截了当宣传"某某——中国名牌"或"某某——中国驰名商标"，根本不懂得品牌的建设之道，这些荣誉证书对消费者来说能起到什么样的作用？请问可口可乐、百威啤酒、雀巢等国外的品牌有这些吗？笔者经常举这样的例子，就像夫妻俩的结婚证，这个证只能证明是合法的夫妻，但证明不了夫妻有感情，其实所谓中国名牌、优质产品荣誉证书等也是一样，只能证明你的产品合格不错，但不能说消费者都喜欢你的品牌和产品。企业必须明白这一点，中国名牌也好，中国驰名商标也罢，这类的证书是救不了中国的品牌，因为当今的市场营销不是产品本身之争，而是品牌和概念之争。在这方面如果品牌不能征服消费者的话，那么企业就很难做强做大做久。

清晰的品牌的概念主张对品牌建设而言尤为重要，因为很多品牌概念主张后来便成为品牌的代名词。如我们提到弹面就想到今麦郎，提到非油炸就会想到五谷道场，提到去头屑就会想到海飞丝，提到安全就会想到沃尔沃，这些概念都深深聚焦在消费者心中。所以品牌能否成功很大程度上取决于品牌概念主张的能否聚焦、能否占据消费者心智模式。

那么，企业在品牌建设过程中应该怎样进行概念提炼和聚焦呢？当年罗瑟里夫斯提出了销售主张USP，在品牌概念主张方面我们可以从中借鉴他的一些做法。因此我们提出一些品牌概念主张和诉求时要遵守以下原则和问题：

（1）品牌概念主张独一无二和行业内没有提出过

如鹤壁一家食用油品牌广告词"滴滴淇花、香飘万家"，大家一看就知道是抄袭鲁花食用油"滴滴鲁花，香飘万家"，我们不说这句诉求好与坏，单说抄袭别人，你的品牌在消费者心目中就大打折扣。

（2）品牌概念主张要有足够吸引力，而且符合品牌所提供的价值

如笔者有一次看到一个会唱歌的酒（广告词：你喝过会唱歌的酒吗？），很吸引人的，但这种概念的提法并不符合产品根本价值，因为消费者喝的是酒，不是听唱歌。

（3）品牌概念主张要简洁、清晰、易记等

你品牌主张就是概念的聚焦，一定要简洁明了。如"怕上火喝王老吉""农夫果园喝前摇一摇"等等，这些都简单明了。

4. 品牌概念主张不能违背消费者意愿和认知

品牌主张对消费者要一定有好处，便于消费者认知和接受，反之将受到唾弃。如前年乌江榨菜在央视做的广告代言人张铁林说"我爷爷的爷爷吃了都说好"。请问你爷爷的爷爷是什么年代的，那个时候有咸菜吃已经很不错啦，现代是什么时候，咸菜只是调味品，时代不同啦，怎么拿爷爷的爷爷相比呢，真是笑话。

5. 品牌概念主张要有基础和支撑点

品牌的概念或主张一定要有基础和支撑点，消费者才会相信它，才能对消费者具有吸引力。如白象大骨面说有营养在里面，因为它是"大骨熬汤，富含有骨原胶白"，所以消费者相信它。

6. 品牌概念主张不能受到限定或限制

如蒙牛特仑苏：OMP乳蛋白，补钙又留钙，后来遭到质疑，不得不撤销这一内容。

（四）集中优势

在上面讲的概念聚焦也是集中优势的一种，其实无论在军事上还是在经营集中优势都是比较常用的策略之一，品牌建设也是如此。企业要想迅速提升品牌在没有足够的实力时候，尤其是中小企业就必须集中自己的优势，做好专业化，要在小市场中或某一市场中做强。企业只有集中优势把品牌做强，企业才能做出销量，才能发展壮大。那么，企业在实际操作中如何集中优势把这一策略发挥到极致呢：

1. 消费对象集中

消费对象集中就是在市场调研的基础上，进行细分市场、锁定目标消费者，准确区隔，集中优势迅速抢占这一市场。如初元食品就是采取这一策略，锁定看病人的购买者，提出"看病人送初元"的主张，对目标市场集中优势进行猛攻，在很短的时间内初元变成了看病人礼品的第一品牌。还有脑白金集中到礼品市场、日加满功能饮料专为精英人士以及太太口服液等等，这些品牌都采取针对某一市场，集中优势来达到该领域或某一市场的第一品牌。

2. 产品集中

产品是品牌建设的基础，是品牌与消费者对接的载体。产品的结构组合是否科学合理，这直接影响着品牌的推广。很多企业在产品推广方面存在着诸多的问题，总想以产品多取胜，而不是以精取胜。我们在为一些企业作服务时发现很多企业在产品开发方面少则几十

种，多则上百种，其中没有高低主次之分。事实上证明，在近年做得好的品牌初上市期都是采取产品的集中原则进行。如蓝色经典当初只推出海之蓝和梦之蓝两款产品，可口可乐至今产品还是十分集中。

3. 区域市场集中

在品牌的建设和运作过程中，若没有足够的实力最好不要全面的"撒网"，要学会重点"捕鱼"。最好是采取区域市场集中运作，进行精耕细作，建立起牢固的根据地，要先树立区域的强势品牌，做强再做大，再进行逐步扩张。如皇沟酒，就将永城作为自己的根据地，进行精耕细作，年销售额上亿元，还有如巨尔牛奶在洛阳，绿健牛奶在徐州等等，这些品牌都是运用这一策略，而且都取得骄人的业绩。

当然除了以上，企业在品牌的运作过程中，还可以进行广告集中、渠道集中、促销集中等等。

三、生活用纸营销案例

现代营销管理之父，菲利普·科特勒在论营销中有这样一句话：留住顾客的最好方法是持续地计算怎样使他们失去的较少而获得的较多。我们知道，任何产品的开发都是从给消费者创造价值开始，到给企业创造利润的一个完美周期。而给消费者创造价值又分为功能价值和精神价值，功能价值由产品来完成，精神价值则由品牌负责。

产品既然担负了功能价值的全部表现，又是品牌的载体，所以在4P策略中具有重中之重的地位。谈产品就不得不先谈品牌，只有基于品牌管理思想延伸出来的产品管理，才能对品牌价值的提升产生作用，否则，最多就是一个销售行为，在混乱的产品管理中获得短暂的销售"快感"，长期来说就是扼杀品牌。自20世纪60年代在美国提出了"4P营销理论"，产品（Product）、价格（Price）、渠道（Place）、促销（Promotion），90年代中后期中国快速消费品企业跟风追捧，之后营销理论界在"4P营销理论"基础上延伸出了"4C""4R""4S"，最近还提出了"4E""4C""4R""4S""4E"是理论专家们的说法，需要显示其更高更与众不同的理论研究，在现有的竞争态势及经济水平下，我们大部分企业只要运用好"4P"营销理论就能有非凡的市场表现了。

目前，四大品牌中比较成功的产品："心相印"薰衣草系列、几米系列、茶语系列、湿巾系列；"维达"蓝色经典系列、超韧系列；"洁柔"可湿水系列、布艺系列；"清风"原木系列、超质感系列。作为全国知名的生活用纸品牌，他们率先在业内引进进口纸机生产生活用纸，其品牌知名度、美誉度方面在行业领先。

恒安纸业的"心相印"和维达纸业的"维达"，一个属于新品牌的全新定位，一个属于老品牌的定位延续，二者都是行业内的成功典范，恒安纸业和维达纸业是如何在品牌管理指导思想下运用产品策略的，对其他生活用纸企业有着重要的指导意义。首先我们看"维达"。维达纸业拥有30年品牌历史，一贯以稳健、务实，追求长期发展的理念经营企业。"蓝色经典"系列产品就是在其做"中国得宝"的追求中，利用稳定的品质、稳定的价格获得了稳定的市场份额。最近，维达在多年探索之后回归本原，推出"超韧系列"，这是维达纸业继"蓝色经典"之后的又一个大获成功的系列产品。超韧系列算是一次自我超越，我把他称之为"蓝色经典系列"2.0版。维达在其多年的发展过程中，对品牌和产品的追求是简单而执着，最后能够给予"维达"市场占有率提升和品牌美誉度加分的都是做"中国得宝"的产品，即蓝色经典系列和超韧系列。

2012年以后，维达纸业的"维达"有了较为清晰的品牌定位，通过产品策略的调整获得了产品结构上的巨大突破。面巾纸类产品的包装设计融入更多情感、居家、时尚等元素，中国有句老话"人靠衣装马靠鞍"，由于纸品的变化与创新的空间实在太小，所以包装设计的突破就显得尤为重要了。

有了这些还不够，好产品需要推广出去，并且形成多次消费才能实现持续盈利，否则就是在自家叫好。于是，提升面巾纸类产品的知名度、使用率、重复购买就是一个循序渐进的营销过程。这也就是"维达"在面巾纸类产品上"五年磨一剑"，如今利剑出鞘，所向披靡，终于打破过去多年"维达"面巾纸类产品占比低于40%的魔咒。其实维达纸业这么多年来没有停止过在产品创新上的尝试，近几年的厚积薄发不是运气，而是多年积淀的水到渠成。接下来我们来看恒安纸业的"心相印"品牌，它是生活用纸四大品牌中最年轻的品牌，1998年才诞生，诞生之初便遭遇了东南亚的金融危机，这时恒安集团刚刚完成在香港联交所上市，随后的两年恒安集团也是几经风雨，"心相印"也是在风雨飘零中艰难前行。

恒安纸业自从2001年成立市场部，以及美国汤姆斯公司辅导之后，"心相印"的所有营销策略都是基于品牌管理思想展开：关爱、温馨、浪漫——以爱的名义，当然也包括产品策略。这就有了"心相印"薰衣草系列、几米系列、茶语系列，虽然是不同的系列产品，但是都聚焦在"爱""温馨""浪漫"这几个点上，以上的每一个产品一经上市就大获成功，为"心相印"快速地成为生活用纸第一品牌立下汗马功劳。

基于品牌管理思想的产品策略，就是找对了产品策略的方向，所谓方向对了成功也就不远了。很多企业为什么有多年销售积累，而没有品牌价值的提升呢？他们都是以销售为目的的产品开发，比如海尔面馆就是这样的错误策略，只要有销量，有利润就做是个体户的生意经，不是品牌管理思想，更不是做百年企业的境界与格局。

产品策略分为两个部分：一个是产品的开发；另一个是产品的上市推广。产品的开发又分为，产品的核心利益开发、产品的有形利益开发、产品附加利益的开发。生活用纸产品的核心利益开发如：产品概念、原纸品质、压花/压线、分切/虚切、印花等等；产品的有形利益开发则为：组合方式、包装图案、包装色彩、包装材质、包装工艺、包装形式等等；产品附加利益的开发：干湿两用、免费送货上门、加送赠品等等。

很多生活用纸企业开发产品，主要犯如下几个错误：第一，全凭老板或销售老总过往的经验开发产品；第二，根据销售人员的要求开发产品；第三，因经销商的要求开发产品；第四，按照竞争对手好卖的产品跟风；第五，生产部按照过去的经验生产；第六，按照设备的性能开发产品。

以上的这些看似很有用，似乎大公司也会有所参考，可为什么中小企业就错了呢？因为成功的企业（品牌）还会运用一个更为重要的标准，那就是品牌定位这把尺子，这是一根主线，要确保所有的投入和积累都不得偏离这条主线。无论是 4P、4C、4R、4S 营销理论，还是其他的新型营销理论研究，笔者始终认为 4P 是基础，在此基础上不同的行业和企业可以根据自身情况再做发展和动态调整。4P 营销理论的关键就是产品，如果产品定位出现问题那后面的什么价格、渠道、促销等 3P 就是无源之水无本之木了。准确的产品策略需要考虑的主要因素为：品牌定位、市场策略、USP（独特卖点）、主要竞争对手（区域竞争对手）、资金、设备、团队等等，多角度、全方位的思考，公司（品牌）所处的不同时期还有不同的考量，拍脑袋可以一时对，但不能确保时时对。只有基于品牌管理思想指导下的产品策略，才能确保产品策略的一致性，而不是换一个人就是一个搞法。产品、价格、渠道、推广（促销）保持高度统一，在整合营销传播中才能形成合力，持续提升市场占有率，同时实现品牌增值。

第四节　新产品开发与营销管理创新

一、新产品的定义与分类

在当今世界日趋激烈的市场竞争中，新产品的开发对一个企业，甚至一个国家、地区来说至关重要。一个企业如果开发的商品屡屡失败，必将招致破产；反之，则兴旺发达。国际上一些著名的企业之所以能在较短时期内取得惊人的进展，无不与新产品的开发成功有直接关系。因此，没有一个著名的企业和企业家不在新产品开发上努力的。据我国《消费时报》报道，我国一年有 17 000 种以上新产品投放市场。全日本一年投放市场的新产品在 10 000 种以上。松下电器公司彩电设计中心 33 人一年投放市场的新产品就有 300 种。可见，要发展经济，开拓市场，就必须把产品开发作为重要的战略放在重要的位置上。

（一）新产品的定义

由于新产品开发的成效显著，人们越来越对其予以极大关注。然而，虽然新产品这词到处可见，但实际上，人们对其抱着不尽相同的理解。那么，到底什么样的产品算是新产品呢？对于新产品的定义各国有所不同，难以下一个国际统一定义。同时，这类定义随着时间的推移也在不断完善。为此，介绍几种代表性的定义，以供参考。

我国国家统计局对新产品做过如下规定："新产品必须是利用本国或外国的设计进行试制或生产的工业产品。新产品的结构、性能或化学成分比老产品优越。""就全国范围来说，是指我国第一次试制成功了新产品。就一个部门、地区或企业来说，是指本部门、本地区或本企业第一次试制成功了新产品。"上述规定较明确地规定了新产品的含义和界限，这就是：新产品必须具有市场所需求的新功能，在产品结构、性能、化学成分、用途及其他方面与老产品有着显著差异。根据上述定义，除了那些采用新原理、新结构、新配方、新材料、新工艺制成的产品是新产品外，对老产品的改良、变形、新用途开拓等也可称为新产品。

美国联邦贸易委员会对新产品所下的定义是：所谓新产品，必须是完全新的，或者是功能方面有重大或实质性的变化，并以为一个产品只在一个有限的时间里可以称为新产品。被称为新产品的时间，最长为 6 个月。这 6 个月对企业来说，似乎太短了，但从对产品生命周期的分析来看还是合理的。

日本东京工业大学小野滋教授对新产品的定义是，凡符合下面各项中的一项，或全部内容产品称为新产品：第一，新的使用功能，具备其他产品所不能做到的质量和功能；第二，新的构思；第三，研究、技术和生产上的创新；第四，满足新的市场和新的服务的产品。

开发、设计、研究新产品的目的和本质是为人类服务，提高人们的生活质量。对企业来说，开发新产品主要在于销售。而销售的目标是消费者，最终决定命运的也是消费者。因此，如果不能满足消费者的需求和利益的商品，就不是优秀的产品。不管何种定义，新产品必须是：第一，反映新的技术开发；第二，敏感地反映时代的变迁；第三，必须反映广大消费者的新的欲望和需要；第四，有新的创造——创造性的构思、功能等，给以方便性和意外性；第五，便于生产并能有利于企业在市场开拓独特的道路。

必须指出，由于各国经济、文化、政治、民族、宗教、传统习惯、自然条件等因素的差异，理解也必然有所不同，且随着时代变迁其定义也在发展。例如，发达国家的新产品在落后地区未必认可；反之，在落后地区出现的新产品可能是先进国家早已淘汰的产品。因而，判断新产品还要考虑是在何时、何地和由谁来开发等因素。

（二）新产品的分类

在企业进行新产品克服业务时，为了有计划、有组织地进行工作，有必要将"新产品分类"加以确定，以明确职责权限，使工作有效地进展。新产品的分类，其基准不同有各种各样的分法。必须特别指出的是新产品开发中的型号更新问题。在新产品开发中开发全新产品当然更好。但是，在实际中，大量的是现有产品的改良和更新。尤其像家电、钟表、汽车、纤维以及其他生活用品更新更快，更要注重研究型号更新。所谓"型号更新"就是将商品体系中现有的型号置换成新的型号。型号更新是推销商品的一种战略，以对消费者有吸引力（营业方面）、提高商品的功能（消费者方面）、新技术的应用、生产工程合理化（技术方面）、提高企业形象（经营方面）等为目的，进行形式变换、机能改良、新技术的应用等手法的新产品开发。这种型号更新是为了适应企业内外要求，特别是适应竞争激烈的市场变化的必要手段。因此，型号变换是促使企业发展的手段之一；同时也是为了让消费者得到多种满足、以解决他们需求的方法。

二、新产品开发

（一）企业的竞争

在瞬息万变的信息时代，对企业来说，竞争是不可避免的。要扩大自己企业的市场占有率，增加销售额，必须防卫来自其他企业的"攻击"，以确保本企业的市场占有。在自由竞争的原则下，不管人们是喜欢还是不喜欢，无论在国际还是在国内，企业间的竞争总是激烈的。在竞争中失败，就会导致衰退、破产的结局。

为在企业竞争中取胜或处于优势，最强有力的手法是占有新产品开发的优势。二次大战后，一些经营的名言，如"打破现状""技术草新、创造性的破坏和新结合""顾客的创造"等，在一些国家十分流行，显示了那时企业之间强烈的竞争意识。根据美国的斯坦福特研究所分析，企业成长发展的共同要求有如下五个方面：要带有幸运、机会的作用；要有冒险的意识和勇气；要确立在既存领域的竞争力；要有组织地、持续性地求得成长机会；要进入成长领域或靠近成长领域等。这五个条件就是广义的新产品开发。因此，各企业的经营者在 P&D(Research & Development)(研究开发)方面全力以赴，充实研究所，强化开发部门也就是必然的了。

企业竞争中所用的手段一般有开发活动、产品(质量期、售后服务等)、价格、销售方法等四种。竞争主要集中在价格竞争和外价格竞争展开。价格竞争包括价格政策、打折政策；外价格竞争包括新产品竞争、促进销售竞争和系列化竞争等。

下面对企业竞争的主要内容进行介绍。

1. 开发活动的竞争

以往进行的是以价格为主的竞争。这种降低价格的竞争是一种最终会招致破坏性后果的竞争，同时会使消费者抱有不信任感。因此，现在进行的是以非价格性方法为主体的竞争，是产品形成的竞争。企业可根据市场细分化、产品差别化、新产品开发多样化来谋求确保销路，并扩大自己的市场。所谓产品多样化，是指开发向新的事业发展的不属于企业既存系列的新产品，如：开发新产品；收买其他企业的专利品、商标；收买、吸收、合并其他企业；形成资本和经营的系列化等。

2. 新产品的质量竞争

众所周知，顾客购买的产品必须具有良好的质量。也就是说购买的产品必须具有消费中必要的机能，更好的品质，新的作用的创造，就是新产品开发。在顾客评价尺度的价值中，有使用价值、贵重价值、稀有价值、时间性的价值、空间的价值、交换价值、成本价值等，新产品的质量，若不是具有购买者所期待的价值，那就不是成功的产品。作为新产品的"商品"必须具有如下属性：

（1）官能心理的特性 它包括官能的特性和心理的特性。官能的特性包括色彩、形态、设计、味觉、触觉等，应给消费者以好感、舒适感；心理的特性，即产品应具有新型（最尖端）、共有（大家都有）、高价（夸耀）、完美（进步）、名牌商品（信赖）等特点，给人们心理以满足感和幸福感。

（2）机能的、生产的特性　是指易处理、牢固、材质好、附属品丰富等特性。

（3）与健康有关的特性　应具有增进健康、对人体无害等特性。

（4）经济特性　是指购买价格便宜，维修费低廉等的特性。

总之，要使企业在竞争中占有优势，必须抓好新产品质量竞争一环，使自己开发的新产品的质量能满足购买者所期待的价值。

3. 新制品的价格竞争

价格是受市场产品供需平衡规律所支配的，有的后起厂商用降价竞争来获取市场占有率。但价格竞争并不是确保利益的上策，企业主要靠其他企业所难以模仿的那些产品来竞争。另外，应加强企业内部管理，节约原材料、降低原材料成本、提高生产效率，来增强产品价格竞争能力。

4. 销售竞争

在物质不足的时代，社会经济是投资主导经济（即依靠设备投资和导入外国技术等经济），产品只要生产出来就能顺顺当当卖掉。当这种经济在一些发达国家结束了，逐步转向了消费主导型经济，在消费主导型经济社会中，产品的销售竞争是不可避免的，而且非常激烈。销售竞争是顾客的创造竞争。所谓顾客的创造是：

（1）更正确地把握顾客潜在的需求；

（2）调动企业内外所有的知识；

（3）统一在商品这一"满足需求的具体手段"之中；

（4）有效地向需求商品的顾客进行提供；

（5）要能得到顾客的全面支持。

具体的销售战术，一般在产品方面采用"产品差别化"的对策，而在市场方面则采用"市场细分化"（分割）的对策。随着产品以导入期移向成熟期，伴随着生活水平的提高；消费者不只对商品本来的机能（即品质）、性能等进行评价，而且逐渐高度评价附加的机能（如设计、商标和服务等）。消费者对附加机能的评价，随每个人主观性强弱而异。而对于厂商来说，却需要能有利地进行差别化。

5. 产品竞争的"适当原则"

企业竞争的判定者是顾客（消费者）。因此也可以说消费者就是皇帝。因此，厂商听取顾客的需求，把握其本质是很重要的。根据消费者的喜好和要求，为了确保质量，使顾客满足，企业不得不进行富于变化的个性生产。另一方面，以厂商的立场来看，为了降低成本和确保利益，必须大量生产，大量销售。为此，就要推行产品品种的单纯化、规格化。因此，新产品开发时，必须谋求单纯化和多样变化的调节。

为了在竞争中立于不败之地，对顾客的要求，必须满足以下五项适当原则：

（1）生产的商品（质量、服务）要适当；

（2）供给的场所要适当；

（3）供给的时期要适当；

（4）供给的价格要适当；

（5）供给的数量要适当。

新产品不仅仅是产品质量和价格的问题，同时还应考虑包含研究、生产、销售经营等整个企业的活动原则，否则就会难以取得成功。

（二）开发理由和开发目的

新产品开发的动机随各个企业而异，一般包括以下四个方面：

（1）把新产品开发作为收益源，确保企业利润；

（2）为了改变产品的陈旧和适应市场的变化；

（3）为了防止技术的陈腐，保持技术的先进性（维持技术性资产）；

（4）为了保证企业将来发展。

企业进行新产品开发的理由一般有如下几个方面：

战术性的 R&D 即为了降低原价或充分使用工厂的能力提高效率，而进行的革新产品，提高产品质量、提高设备技术性能等的技术开发。

战略性的 R&D 即为新产品系列导入和为开拓未来市场的新产品（例如室内设计、人造皮革等）进行的开发。

基础性的 R&D 即为了求得将来的"发展"而进行如下研究：①作为当今新课题的科学技术研究（如激光等）；②在将来具有重要价值的科学技术的超前研究（例如海洋科学、生物化学等）；③为了发现新知识而进行的研究。

总之，无论哪一种开发的理由和目的，都必须取得开发成果，确保企业的利益。新产品开发的出发点，必须明确地显示出企业期待什么，要求什么，应该向什么方向前进等开发方针、理由和目的。为此，有必要研究和把握如下各项：

①要把握本企业的实际状况。即要牢牢抓住成长和衰落的品种，要进行有关盈利和赤字的产品的分析。

②要创造依靠本企业自身的力量来解决各种问题的条件，如：改良或去掉衰退品种，现行生产体系彻底的合理化、机械化，缩小或停止生产衰退产品等。

③靠本企业和自己的力量来扩大增长的品种，推进新品种、新用途的开发。

（三）开发的问题

在新产品开发活动中，开发出的产品中，成为适销的产品一般很少，比起成功来，失败的数量更多。开发失败的原因很多，主要有下列各项：

（1）企业最高经营者，对开发的重要性认识较弱。

（2）在企业中没有长期的研究开发计划，或者不充分。

（3）决定研究课题较迟。

（4）构思的着眼点，归纳方法，评价不清楚。

（5）研究开发的区分、定义、阶段及其进行方法不清楚。

（6）研究开发管理不充分（例如计划、报告、评价、组织、人事等）。

（7）由于各阶段的缺陷造成失败：第一，想法不合适；第二，想法虽好，但在研究中失败了；第三，研究虽成功，在规模化生产中失败；第四，虽然在技术方面成功了，但在市场方面失败了。

（8）市场分析不确切或产品有缺陷，成本超过预算，上市的时机不好，经营活动不足，销售力弱，流通渠道有缺陷等。

总之，失败中有人为的失败和不可抗拒失败两种。人为的失败可以通过教育训练等来防止。而不可抗拒的失败，则是难以避免的。因此，一切的成功与否，也受到人类智慧以外的机会的支配，需要靠广博的知识和丰富的经验来判断。企业经营成败的关键之一是开发新产品，而开发受顾客欢迎的、适销新产品成功率又较小。

三、新产品开发中的市场调查

大家都知道消费者的需求预测和市场调研是新产品开发决策最重要的基础，是开发成败的关键所在。需求预测、市场调查和销售计划之间有着不可分割的关系，是企业经营活动基本的前提条件之一。

（一）需求预测

现代发达国家都十分重视预测研究。预测的范围包括政治、经济、社会、科技、军事、天文、地理、能源、资源、市场、人口等各个方面。有些国家还有独立的研究机构，如美国的兰得公司，既不生产物质产品，也不从事产品设计，但有工作人员1100人，有200多名博士和近200名硕士，一半以上是研究人员。

预测的领域很宽，尽管各种预测研究结果都只有一定的参考价值，但是，对于企业来说，需求预测更为实际和重要。所谓市场预测是指根据市场过去和现在的资料对市场的未来发展趋势做出估计和推测。通过市场预测，掌握需求量发展变化的趋势，企业据此做出各项决策，以取得生产和经营管理的主动权。所谓需求预测是了解需求构造，通过这种构造掌握未来发生的需求量，为企业考虑应如何采取适应这种构造的方法提供依据。

企业所进行的需求预测大体为经济预测、市场预测和销售预测三个方面：

（1）经济预测　这对企业领导决策影响很大。一般企业都利用政府和民间机构发表的各种调查结果，但必须对经济现象和政策充分理解和分析，将预测值应用到企业内。

（2）销售预测　这是就本企业的产品所进行的销售活动的预测。是具体的、实践性的预测活动。需求预测主要用于新产品规划、生产计划、销售规划等。

（3）市场预测　这是企业就所需要了解的市场，对同行业、同集团产品的流通，亲自进行调查（当然也可应用政府及其他机构的调查结果），利用统计值、调查数据资料或采用面试交谈等资料，进行的分析预测。

市场需求预测的内容大致如下：第一，市场潜在需求预测：潜在的需求方向如品种、数量、质量、价格等；第二，市场销售量预测；第三，生产占有率分析；第四，市场变化预测：要了解市场变化对未来需求的影响；第五，产品周期预测；第六，新产品开发预测：了解市场新产品发展趋势及对本企业新产品开发方向进行预测；第七，国际市场预测等等。

与此同时，还应进行各种调研，收集各种资料，如：产品普及情况，企业间商品竞争情况，妨碍选购商品的有关资料，经济环境，社会经济动向，消费者收支、储蓄情况，人口、家庭及其构成情况，消费者的爱好、兴趣等。另外，需求预测从时间上还可分为长期与短期预测。前者主要由企业最高领导层进行，是指 5 年以上的预测；后者则为经营规则及市场调查部等具体部门进行，一般为年度预测。需求预测的方法常用的有定性预测、定量预测和概率预测三大类。定性预测方法又分为德尔斐法 (Delphi)、焦点讨论法、相互影响分析法和历史类推法等。定量预测法，又分时间序列分析法、先行后行产品分析预测法、投入产出分析法及因果相关分析法等。

（二）市场调查

市场是由顾客、需求量、质量、价格、场所、流通机构、市场性质等各种要素构成的。市场调查的工作就是要探索经营模式，论证构成要素。所谓市场调查是为在需要和供给所限定的领域中了解该领域的现状以便确定适合的产品决策、经营决策所进行的系统的、科学的调查研究。

1. 市场调查的目的

市场调查的目的是为市场预测以及最终的开发决策提供准确的资料。具体而言，市场调查的目的大致可分为：为了销售、营业活动而进行调查；为了新产品投放市场进行的市场调查；为了长时间内的开发规划而进行的市场调查等。

2. 市场调查的范围

市场调查的范围大致可分为全面调查和局部（抽样）调查两种。全面调查比较接近于一般有政府机构进行的社会调查，如人口普查、国民收入调查、国家资源普查等。但是，这种调查受到时间、人力、物力、财力的限制，实际上亦不必什么都全面调查，有时只需作概略的调查。有时调查项目内容繁多，不可能作全面调查等，此时可以采用抽样调查的方式。

3. 市场调查的方法

市场调查的方法主要有如下几种：

（1）观察法 先设定观察项目，统一观察方法、评价基准和记述方法，由专职人员采用一问一答的形式进行调查。

（2）个别当面调查法。

（3）邮送问签调查法。

（4）电话询问调查法。

（5）集体书面调查法。

（6）利用设备如录像机、照相机、录音机等收集调查资料。

（7）实验法　这是先选择某一特定市场和时间进行一项小规模的新产品试销或广告推销实验。这种方法应用很广，常用于有关商品销售额及消费者等方面的调查。

4.市场调查的步骤

市场调查的方法和步骤虽因人因地因时而异。但是，主要是两个阶段：调查规划阶段和调查实施阶段。调查计划阶段主要工作为：明确调查内容、指示，决定调查人员，建立调查组织，限定调查问题，设定调查目标，整理现有信息、技术和假设的调研项目概要，确定调查课题，最后决定调查计划，即决定调查方法、调查技术、调查规模、时间、费用预算，制定好调查步骤和日程等。

调查实施阶段主要是规划实施定性调查和定量调查，汇总调查结果，得出分析结论，汇总调查报告，评价调查成果，制订将调查结果应用于开发活动、经营活动的计划。

（三）市场测试

当新产品投放市场时，必须进行市场测试，其目的是收集为了向市场提供好的产品、了解消费者能否接受新产品、要打开销路需要什么条件等信息资料而进行的测试。与产品开发相比，市场调研和测试费用就微不足道了。但是，如果能通过调研测试，把握消费者真正的要求，那么就能使企业正确把握开发方向，把开发的失败和危险降到最低限度，大大节约开发费，提高成功率。市场测试一般可分有关新产品属性的测试，和有关销售可行性的测试两种。前者主要由技术、研究部门进行，后者则主要由销售部门进行。

1.有关产品属性的测试

有关产品属性的测试可以用如下两种方法进行：

（1）分析试验　分析其成分及构造。如化学分析等。

（2）性能试验　假设消费者的使用状况、使用方法进行的测试。例如磨损试验，褪色、洗涤、弹性试验等。进行这种试验可以在企业内，也可以企业外或研究所等地方进行。

2.有关销售可行性测试：

进行可行性测试（Feasibility test）在设定好了待测组分的信息后，可以进行可行性测试以检查所使用的方法能否成功的进行定量分析。

3.市场测试的注意事项

进行测试时，一般用5WIH方法进行。要选好测试场所，考虑消费者信赖性和性格方法的差别等收集分析数据时，应注意信息的准确度。此外，还要注意如下各方面问题。

首先对消费者的使用情况进行测试时应注意：

（1）只在预想的顾客层中进行商品测试。

（2）测试要集中在单一商品的评价上，即集中调查某一商品的色彩、型号、手感、包装等特征方面。

（3）要设法得到参加测试者的协助。

（4）给出的调查询问要充分。

（5）商品使用后要马上得到反应，另外要避免测试记录间的记忆错误。

（6）要对经营负责人进行商品测试。

对消费者的购买情况进行测试时应注意的事项：第一，测试时间：新产品至少要6个月；评价广告宣传时，需要长时间地进行。促销测试因为是以平时购买的形式进行的，因此需一定的时间。第二，保证精确度。对应进行的测试应在两个以上的市场进行；为了推向全国，要尽可能在更多市场进行。

对测试市场应注意的几个方面：第一，不必进行多余的测试；第二，有时要考虑商品的不同类别和历史的发展；第三，要明确主要竞争者的广告状况；第四，不正常的市场应避开；第五，要选择使用状况对销售有影响的地区；第六，要选择代表性的市场；第七，不要过多开支促销费来推行测试；第八，不进行竞争商品的测试；第九，新产品导入时，不可避免会遭到竞争者的反击，因此测试中也要评价反击的结果。

市场需求、市场调研及测试是个综合多变而又复杂的问题。需要各方面协作才能做好这些工作。决不能对局部的结果掉以轻心。只有认真而正确做好这些工作，才能减少经营者和开发部门的决策失误，起到促进企业发展的效果，使企业不断开发出真正受广大消费者欢迎的新产品。

四、企业新产品开发的策略选择与注意事项

（一）企业新产品开发的策略选择

产品开发策略就是开发新的产品来维持和提高企业的市场占有率。开发新产品可以是开发全新产品，也可以是在老产品的基础上作改进，如增加新的功能，改进产品的结构，简化操作，甚至哪怕是改善外观造型和包装等，都可视为进行产品开发，都有可能收到意想不到的市场效果。可供企业选择的新产品开发策略主要有以下几种：

1. 进攻式开发策略

进攻式开发策略又称为抢占市场策略或先发制人策略。企业抢先开发新产品，投放市场，使企业的某种产品在激烈的市场竞争中处于领先地位。这样的企业认为第一个上市的产品才是正宗的产品。具有强烈地占据市场"第一"的意识。具有较强的科技开发能力；雄厚的财力保障；开发出的新产品不易在短期内为竞争者模仿；决策者具有敢冒风险的精神的企业可采用这种开发策略。

2. 防御式开发策略

防御式开发策略又称为模仿式开发策略。它不是企业被动性防御，而是企业主动性防

御，企业并不投资研制新产品，而是当市场出现成功的新产品后，立即进行仿制并适当改进，消除上市产品的最初缺陷而后来居上。具有高水平的技术情报专家，能迅速掌握其他企业研究动态、动向和成果；具有高效率研制新产品的能力，能不失时机地快速解决别人没解决的而且是消费者关心的问题，这种企业可采用这种开发策略。

3. 系列化开发策略

系列化开发策略又称为系列延伸策略。企业围绕产品上下左右前后进行全方位的延伸，开发出一系列类似的，但又各不相同的产品，形成不同类型、不同规格、不同档次的产品系列。如电冰箱的使用能够延伸出对电冰箱断电保护器、冰箱去臭剂、保鲜膜、冰糕盒的需求等。企业针对消费者在使用某一产品时所产生的新的需求，推出特定的系列配套新产品，可以加深企业产品组合的深度，为企业新产品开发提供广阔的天地。具有设计、开发系列产品资源；具有加深产品深度组合能力的企业可采用这种开发策略。

4. 差异化开发策略

差异化开发策略又称为产品创新策略。市场竞争的结果使市场上产品同质化现象非常严重，企业要想使产品在市场上受到消费者的青睐，就必须创新出与众不同的、有自己特色的产品，满足不同消费者个性需求。这就要求企业必须进行市场调查，分析市场，追踪市场变化情况，调查市场上需要哪些产品，哪些产品企业使用现有的技术能够生产，哪些产品使用现有的技术不能生产。对这些技术，企业要结合自己拥有的资源条件进行自主开发创新，创新就意味着差异化。具有市场调查细分能力；具有创新产品技术、资源实力的企业可采用这种开发策略。

5. 超前式开发策略

超前式开发策略又称为潮流式开发策略。企业根据消费者受流行心理的影响，模仿电影、戏剧、体育、文艺等明星的流行生活特征，开发新产品。众所周知，一般商品的生命周期可以分为导入期、成长期、成熟期和衰退期等四个阶段。而消费流行周期和一般商品的生命周期极为相似并有密切的联系，包括风格型产品生命周期、时尚型产品生命周期、热潮型产品生命周期等特殊类型。在消费者日益追求享受、张扬个性的消费经济时代，了解消费流行的周期性特点有利于企业超前开发流行新产品，取得超额利润。具有预测消费潮流与趋向能力；具有及时捕捉消费流行心理并能开发出流行产品能力的企业可采用这种开发策略。

6. 滞后式开发策略

滞后式开发策略也称为补缺式开发策略。消费需求具有不同的层次。一些大企业往往放弃盈利少、相对落后的产品，必然形成一定的市场空当。如国内洗涤用品市场几乎被几个企业所瓜分，无论城乡，无论发达地区欠发达地区，均充斥着个别的知名产品。似乎其他后来者已很难进入市场。实际情况却是，各地尤其是在中西部农村，一些实力偏弱的小企业的中低档次的洗涤用品仍销得很好，它们在各大品牌产品的冲击下，仍能获得可观的市场份额。具有补缺市场需求能力，而技术、资金实力相对较弱的小企业可采用这种开发策略。

（二）新出品开发中应注意的问题

在开发新产品的时候还要注意以下几个方面：

1. 产品技术储备与投放时机方面

产品更新换代要能顺利完成，必须做好产品的储备和投放时机的选择。投放时机选择的过早或过迟，都会直接影响企业的利益。投放迟了，可能丧失时机，处于被动地位。投放早了，会因老产品过早淘汰给企业造成损失。因此，必须搞好市场预测，选好产品更新换代的时机。从产品生命周期图中可以看出，当一代产品从成长期刚刚进入成熟期，后一代产品就要通过储备进入投入期。为什么要选择这样的时机呢？主要从以下方面考虑：第一，产品进入成熟期，虽然销售额和利润没有明显下降，但这时竞争对手已经蜂拥而上，产品已受到威胁，必须做到有备无患；第二，在这个时期，企业可以利用前一代产品在成长期和成熟期获得的利润，扶植后一代产品的研制、生产和销售，促进新产品的成长。

2. 新出品开发方向方面

新产品开发是从营销观念出发所采取的行动，因此首先必须是适应社会经济发展需要，生产适销对路的产品。不能满足一定市场需求或虽能满足某一需求但需求量太小的产品，对企业而言再新也没有意义，而符合市场需求的产品必须做到以下几点：第一，有特色，包括式样新、功能全、性能特等；第二，节能、小型化、标准化；第三，使用安全、质量可靠。

3. 企业必须有开发和生产能力

新产品开发是一项高风险、高投入的活动。不能盲目进行，而必须同时考虑企业的开发能力以及开发出来的生产能力。首先，应明确所开发的新产品按企业的技术水平、财务承受能力能否完成，会不会因这些客观条件限制而夭折。其次，要研究新产品研制出来后，企业的生产条件是否具备。企业开发新产品的主要目的是产品生产后投入市场以获得较高利润。如果有了新产品而不能批量生产，新产品开发的经济效果就会大大降低。

4. 企业必须要坚持开发与管理并重

新产品开发是一项非常复杂的活动，要消耗企业大量资源，因此有必要抓好开发管理，提高开发效率。开发管理不仅包括对开发计划实施过程的管理，而且包括可行性研究、开发规划的制定以及营销方案的制定等一系列的工作，因此，开发管理也是新产品开发成功的重要保证。

总之，在激烈的市场竞争中，任何故步自封、因循守旧都是难以取得经营成功的。作为企业的决策者，在自己的经营决策中，必须时刻注意自己经营的产品究竟处在生命周期的哪个阶段，并要根据所处的不同阶段选择出相应的策略，并适时地做好新产品的开发工作。

第五章　市场营销促销策略

现代市场营销不仅要求企业开发适销对路的产品，制定有吸引力的价格，通过合适的渠道促销是企业通过人员和非人员的方式，沟通企业与消费者之间的信息，引发、侧记消费者使目标顾客易于得到他们所需要的产品，而且还要求企业树立其在市场上的形象，加强企业与社会公众的信息交流和沟通工作，即进行促销活动。成功的市场营销活动，不仅需要企业对其产品制定适当的价格、选择合适的分销渠道，而且需要采取适当的方式进行产品促销。企业在其从事市场营销活动中要想取得成功的营销业绩，除了要具备高素质的销售团队、完善的分销渠道外，还应正确制定并合理运用促销策略，这是企业在激烈市场竞争中取得良好的销售业绩并获得较好经济效益的必备要素。

第一节　促销与促销组合

一、促销

（一）促销的含义及促销内容

促销 (Promotion) 是指企业通过人员推销或非人员推销的方式，向目标顾客传递商品或劳务的存在及其性能、特征等信息，帮助消费者认识商品或劳务所带给购买者的利益，从而引起消费者的兴趣，激发消费者的购买欲望及购买行为的活动。

促销本质上是一种通知、说服和沟通活动，是谁通过什么渠道（途径）对谁说什么内容，沟通者有意识地安排信息、选择渠道媒介，以便对特定沟通对象的行为与态度进行有效的影响。这种沟通说服有几种途径：一是雄辩式说服，讲话人首先以其人格博得听众的信赖感，再激起听众的情感以取得信任，列举鲜明的证据诱发需求。二是宣传式说服，最早是以组织（如教会、政府、政党、企业）为主体来获得别人的支持。用语言、文字、气氛和事件等来争取支持者。现在企业的建筑式样、最高管理人员的办公室布置、产品的设计、推销员的个性等，通过公共关系人员，借助新事件，制造一种新的气氛，进行宣传沟通。三是交涉式说服。指一方的交涉代表与另一方的代表相互进行拉锯式谈判，以取胜对方，企业在市场营销活动中常用的是劝诱策略，非极端条件下不用威胁策略。

各种说服方式的目的都在于沟通，多年来形成了沟通模式，它由这些要素构成：该模式由九个要素构成，其中两个要素表示沟通的主要参与者——发送者和接受者，另两个表示沟通的主要工具——信息和媒体，还有四个表示沟通的主要职能——编码、解码、反应和反馈，最后一个要素表示系统中的噪音。

（二）促销的作用

威廉·斯坦顿研究认为："在不完全竞争的条件下，一个公司利用促销来帮助区别其产品、说服其购买者，并把更多的信息引入购买决策过程。用经济学术语来说，促销的基本目的是改变一个公司的产品的需求（收入）曲线的形状。通过运用促销，一个公司有希望在任何一定价格的条件下，增加某种产品的销售量。它还希望促销会影响产品的需求弹性。其目的在于：当价格提高时使需求无弹性，当价格降低时使需求有弹性。换言之，企业管理当局希望：当价格上升时，需求数量下降很少，而当价格下降时，销售却大大增加。"

（三）促销的创新策略

对消费者来说，各种类型的促销活动已经司空见惯，而且审美疲劳，单纯靠"折扣＋赠礼＋人海战术"的传统促销模式越来越受冷遇，战绩卓著的促销，优惠永远不是促销的全部，而是善用"巧劲"，让促销更有生命力。

1. 凭啥给你优惠

一个促销的口号或标题能决定促销的成败。

在促销方案设计时，不少销售负责人熟谙产品体系和团队的运作管控，且一丝不苟，而对于活动主题、活动宣传却显得十分宽容：口号响亮大气就行，真正重要的是活动的力度和执行力。于是，"艳阳三月，实惠共享""夏日激情，倾情特惠"，这样的促销活动主题屡见不鲜。一个成功的促销，离不开一个响亮易记的主题，但只是响亮醒目还不行，还要给顾客一个合理的优惠理由和消费理由。

"天上掉馅饼的地方，地上往往就有个陷阱。"这种怀疑和警惕，在很大程度上影响着顾客的消费决策。面对促销活动的宣传，消费者不仅在意商家给予的实惠，更在意商户为什么要让利优惠。像上面"艳阳三月"这样的促销主题，消费者往往会犯嘀咕：仅仅是因为春天或夏天到来了就给优惠、就降价，你为什么这么好？你的商品是不是有问题？你是虚假促销，还是别有用心？一连串问题，让我们的促销变得毫无说服力，消费者可能误会甚至主动躲开。可见，名正言顺、出师有名，才能让消费者真正信服。当然，促销主题并不是纯粹为了吸引眼球而故意哗众取宠，必须有相应的促销内容支撑，否则这种"标题党"做法不但不能吸引消费者，反而会激起他们的反感。

2. 案例解释

（1）案例一：

某移动连锁手机卖场，为了更好地提升活动的影响力和可信度，策划了"辉煌七载，重奖移动老客户"的促销主题：根据本地移动用户的入网年限，给予不同的购机折扣，引起了很大反响。这个活动的成功，不仅在于成功借助了中国移动的影响力，可信度大大增强，而且，入网越久的顾客优惠越大，通过折扣的比较使他们倍感珍惜，慷慨解囊。

在一大型社区旁新开的饭店，为了快速提升知名度，策划了"开业新张，免费请客"为主题的促销，每天上午送出 50 份免费餐，邀请周边居民免费抽奖产生，同样产生了轰动效应。关于如何找对理由，经常用到的有过节、造节、借力造势、共同营销等方法，但前提是一定要发自内心的真诚的思想表达，有实质内容支撑。

案例解释：促销主题，不仅要响亮大气，通俗易懂，易于传播，而且要言之有物，给顾客一个合理的优惠理由和消费理由。多数厂家从策划促销活动开始，除了担忧投入产出之外，最大的担心就是竞争对手了，担心他们会跟进和效仿，分走客流。而且，他们还会随时关注对手动向，一旦碰到竞争对手有动作，马上会陷入如临大敌般的紧张和慌乱。所以，在促销活动时机选择上，很多人都得意于"搞突袭"、没给对手应变的机会。事实上，这种"吃独食"的促销方式，往往在旺季时期可能会略显威力，但这并不是最乐观的结果。促销的目的是什么？就是要让更多人知道，更多人购买，实现销量和利润的最大化。管理学上有个"1+1>2"的理论，其实放在促销领域也同样适用。当我们孤单地做促销时，我们怕的不是竞争对手的快速跟进，反倒是没有人来跟进。

中国人好奇心强，喜欢热闹，爱凑热闹，平淡的促销见多了，很难有参与热情。越是带些负面的、违背常规的、冲突性的事件，越是能激发人们关心和传播的欲望。越是有商家搞对抗，工作越有激情，火越烧越旺，事越传越神，把市场搅浑，让消费者都亢奋起来。否则如果只是自己一家唱戏，市场影响力很难"打"出来。在促销上，合理利用好"挑起争端"，有时会收到奇效。

（2）案例二

某年，深圳东门商圈，S 百货常规的店庆促销，为了提升活动看点和影响力，故意对部分敏感品牌进行了亏本式的大力度折让，引来了较远位置的 M 百货的激烈反应，一时间众多市民纷纷前来淘便宜。两家商场还分别派促销宣传员前往对方势力范围进行骚扰，并不断利用媒体口诛笔伐对方，一时间东门商圈硝烟弥漫。双方剑拔弩张，并没有骂冷自己的生意，反倒是大批消费者请假购物。由于人流量过大，警方甚至动用了防暴警察维持秩序，而这经媒体报道却又引起了新一轮的顾客爆棚。"50 万人疯抢东门"，多家本地媒体都用了类似标题。而这场挑起争端的好戏，也成就了深圳零售行业的一个神话。

当然，并不是每次采用"挑起争端"的促销方式都能引起对手跟进，但是市场已经给予了足够的关注，消费者的激情已经被调动，我们的目的也已经达到。而且，挑起争端并不一定要以攻击竞争对手为代价，利用一些颇具煽动性的言语宣传同样可以达到刺激消费者的目的。比如：笔者曾策划一场促销，"诺基亚大屠杀，抢光×××"，以诺基亚的品牌影响力带动全系列商品销售，再配上一些夸张性的设计，赚足了市场的眼球。

案例解释：独乐乐不如众乐乐，要拒绝死水一片的市场，在充分了解对手的前提下，利用争议话题，挑起争端和矛盾，引发市场高度关注，达到广泛传播的目的。

在许多促销活动中，有不少经理们都痴迷于"价格杀手"，坚信降价和高额赠礼是终端制胜的唯一关键，于是不惜血本、砸价狂降，与对手比特价、比临促人数、比销量，似乎不大幅降价就不叫促销，不大幅优惠就不能自信。但是，现实情况是，我们的"好意"却不被领情，优惠和降价变成了对自己的安抚和满足，促销费用常常透支也变成了自我惩罚。消费者每天都要面对大量的促销广告宣传，精神上早已麻木，对大量的信息无暇关注和比较，甚至很难辨别促销力度是大是小。所以，很多时候，消费者判断商家促销力度大小的依据，只是活动场地的氛围布置和人气的强弱。一旦现场气氛火爆，再加上商家的煽风点火，很容易形成冲动性消费。因此，在终端促销竞争愈加激烈的今天，促销氛围的重要性早已经超过了促销优惠的实质内容。

一个促销，可以不用都做到全城最低价、全行业最低价，可以不用花很多钱做媒体广告，但是活动的氛围必须要在卖场内外充分表现出来，对顾客才能带来强烈的视觉冲击力。促销氛围的营造，就是通过物料布置、促销商品/礼品陈列表现、声音传播、人员形象塑造、促销宣传、互动活动等表现出的浓烈销售氛围，而且，必须具有强烈的视觉牵引力：消费者本着什么目的过来，他们的目光会停留在哪里，都是终端促销氛围时必须关注的细节。

3. 有效营造促销氛围，一般要从以下三个方面着手：

（1）"海陆空"式的综合布置

①"海"指商品，将商品展示与促销活动充分结合，有清晰直接的促销信息标识（爆炸花、促销牌、促销贴等）；

②"陆"指动线，沿顾客行进路线进行重点氛围装扮、促销信息宣传和主动推介（POP、海报、地贴等）；

③"空"指卖场空间，包括空中、地面和墙壁（橱窗）的氛围包装（吊旗、吊牌、气球、横幅等），三个环节缺一不可。

另外，最好在店内外有大型形象展示物料的氛围抢占（彩旗、拱门、帐篷、堆头、太阳伞、地毯等），这样的促销从氛围规模上拉升档次；同时，还要有足够的促销宣传品进行广告宣传和促销氛围营造，必须由外到内在高空、墙壁、地面连成一片，避免"外热内冷"或"内热外冷"的出现。在商品陈列上，也要针对促销活动内容进行相应调整布置，保证顾客更直观地感受到商品的促销和便于选择，并设立好礼品的堆头陈列展示。

（2）促销人员形象塑造

导购人员要穿统一服装，只负责宣传的人员必要时可以在形象方面进行夸张搞怪的个性化打扮；DM派发人员要懂得发现哪些是潜在顾客，不能随意发放，浪费促销费用；终端执行人员一定要真正明白活动的内容，扮演好作为顾客销售顾问的角色。

（3）促销现场组织也相当重要，组织的不好，现场的混乱影响促销氛围不说，还会影响到品牌形象。除了做好秩序维护外，现场组织很重要的一点就是要根据现场情况，把握好现场宣传的节奏，有"冷场"应急预案，灵活地对氛围"热冷"进行调节。活动主持人在现场气氛调动中的作用不可替代，一位善于调动气氛的主持人基本上能保证一场活动的成功。另外，现场最好要有临时拦截队伍配备，能随时抽调在店内外或人行道上进行顾客拦截；最后，还要对人财物、外联等做好统筹管理，并对竞争对手的现场捣乱、调价干扰及时应对。

这三个终端促销氛围的营造手段是相辅相成的。有些促销氛围营造的失败，归根到底是犯了厚此薄彼的错误，没有认真地执行到位。

做促销不如像促销，活动内容本身可以简单或者平常，但是在氛围布置和预热上绝对不能马虎了事。小活动当大活动来做，才能做成大活动；大活动当小活动来做，一定会做成小活动。不少销售经理认为，只要活动策划得好，顾客闻风而来，卖场负责人肯定重视，营业员积极卖货，销量也就不成问题。营销效果不如意，问题往往发生在看似不可能发生问题的地方。你原以为给卖场提供了促销支持，带来了人气，卖场一方应该会大力配合，但事实上你统一策划的宣传物料到了卖场却被扔进了杂物仓库；你辛苦花钱采购的促销礼品，送给卖场后却被人强行挪作他用；你靠促销宣传吸引来的顾客，进店后却被营业员介绍买了竞品，为他人做了嫁衣；你的货明明不足，经多次督促后，店老板却不愿补，这正是营销多变性。卖场有自己的利益目标要求，你的促销只关注了顾客的利益诉求，却没有充分关注到卖场的利益；虽然促销短期提升了销量，但也会快速拉低你的产品毛利率，降低卖场销售人员的销售奖励，而且增加了工作量。想做好市场的促销宣传，先做好卖场的促销沟通。为了解决以上问题，必须在活动前与卖场充分沟通，为卖场合理设定好销售利润比例，并通过明奖或暗返的方式为店内营业员制定激励政策，取得他们的通力配合。合力才能制胜，同心才能共赢。促销活动策划时一定不能忽视对终端卖场及员工的激励政策，否则只能是自己干吆喝，别人还给你使绊。

二、促销组合

美国 IBM 公司创始人沃森说过："科技为企业提供动力，促销则为企业安上了翅膀"。在市场竞争日益趋于激烈的今天，市场营销活动是支持产品的市场运作最重要的因素。在现代营销环境中，企业仅有一流的产品、合理的价格、畅通的销售渠道是远远不够的，还需要有一流的促销。尤其对处在介绍期的产品而言，设计有效的促销组合，打响产品的知名度尤为重要。

（一）促销组合

促销组合指履行营销沟通过程的各个要素的选择、搭配及其运用。促销组合的主要要素包括广告促销、人员促销和销售促进，以及公共关系。如何优化促销组合？如何选择、搭配、有效地运用？必须考虑这样几个选择：预算选择、产品选择、策略选择、购买阶段选择、生命周期选择等。

1. 促销组合的预算选择

（1）固定预算线

设促销预算由人员推销和广告促销两部分构成，如果全部费用用于人员推销，其费用为 M，全部费用用于广告推销，其费用为 N，则 MN 线为固定预算线，在这一条线上可有许多种组合，哪一种为最优？这就要联系考虑销售量。

（2）无差异销售曲线

根据经验，某几种促销组合都可达到相同的销售额，描点连线，得曲线 $Q_3=100$，同理可得出其他销售量的曲线：$Q_2=80$；$Q_1=60$，等等。

（3）最佳促销组合预算

人员推销预算费用 OMo，广告推销预算费用 ONo。这是因为在切点处广告推销的边际效益＝人员推销的边际效益。

2. 促销组合对产品类型的选择

产品类型分消费品和投资品。

消费品的促销组合次序：广告，销促，人员推销，公共关系；

投资品的促销组合次序：人员推销，销促，广告，公共关系。

3. 促销组合对购买阶段的选择

消费者购买阶段一般分四个阶段：

（1）知晓阶段，促销组合的次序是：广告，销促，人员推销；

（2）了解阶段，促销组合的次序是：广告，人员推销；

（3）信任阶段，促销组合的次序是：人员推销，广告；

（4）购买阶段，促销组合的次序是：人员推销为主，销售促进为辅，广告可有可无。

（二）新产品促销组合内容设计案例

我国广西壮族自治区某市 X 县是芒果种植大县，当地的主导产业也是芒果产业。目前，X 县芒果种植户主要使用的是传统的固体复合肥。固体复合肥的局限是肥效慢，因为施到土壤之后，需要有水的灌溉才能溶解发挥肥效。当地果农为节省成本，在雨季到来前提前施肥，等待自然降雨溶解肥料。其次，固体肥施肥用工多，施肥时需要挖掘环形沟或者在芒果树根系周围均匀挖施肥坑，进行深埋。此外，传统固体复合肥在储运中因产生离析导致质量参差不齐，很难将大量元素与微量元素均匀混合，导致芒果生长所需的营养成分吸收不充分。传统固体复合肥的优势是价格低，且果农使用时间长，较信赖该产品。X 县甲化肥厂引进美国化肥技术，研发出液体复合肥——A 化肥，处在产品介绍期。A 化肥呈液体状，无色无味。优势主要是：利用率高达 80%，用量省，浪费少，更划算；水肥并施，省工省力；养分配比合理，满足芒果生长的各种需要，尤其能够补充磷元素、硼元素。从化肥行业来讲，液体复合肥是固体复合肥的替代产品。A 化肥相较传统固体复合肥的价格较贵。

1. 新产品促销的实质

促销（promotion），是指企业通过人员和非人员的方式把产品和服务的有关信息传递给顾客，以激起顾客的购买欲望，影响和促成顾客购买行为的全部活动的总称。在市场经济中，社会化的商品生产和商品流通决定了生产者、经营者与消费者之间存在着信息上的分离，企业生产和经营的商品和服务信息常常不为消费者所了解和熟悉，或者尽管消费者知晓商品的有关信息，但缺少购买的激情和冲动。这就需要企业通过对商品信息的专门设计，再通过一定的媒体形式传递给顾客，以增进顾客对商品的注意和了解，并激发起购买欲望，为顾客最终购买提供决策依据。因此，促销从本质上讲是一种信息的传播和沟通活动。对新上市的产品而言，处在产品生命周期中的介绍期，促销的重点是提高产品的知名度。为此应利用各种广告，大理宣传新产品的品牌，让购买者了解、熟悉该产品；同时，辅以销售来促成消费者早期的试用。此外，利用人员销售税负中间商进货也是必要的。但值得注意的是，如果在推广初期，企业就过分依赖渠道策略，就有可能出现经销商为了跑量，将企业所赠送的货折到产品的价格中，对产品的推广造成极大危害。所以，在产品推广初期，应尽量少用渠道政策，把促销集中在消费者身上，注重消费者拉动。

2. A 化肥促销组合内容设计

为了成功地把甲化肥厂及 A 化肥的有关信息传递到位，甲化肥厂需要有步骤、分阶段地进行促销活动。

（1）确定目标受众

企业在促销开始时就要明确目标受众是谁，是潜在购买者还是正在使用者，是老人还是儿童，是男性还是女性，是高收入者还是低收入者。对甲化肥厂而言，确定目标受众是促销的基础，它决定了推广 A 化肥的时候应该说什么，怎么说，什么时间说，通过什么说和由谁说。对 A 化肥来说，X 县芒果种植户就是目标受众。

（2）确定沟通目标

确定沟通目标就是确定沟通所希望得到的反应。甲化肥厂应明确 X 县芒果种植户处于购买过程的哪个阶段，并将促使 X 县芒果种植户进入下一个阶段作为沟通的目标。现阶段，甲化肥厂要实现的目标是让 X 县芒果种植户知晓和认识 A 化肥。知晓即当 X 县芒果种植户还不了解产品时，促销的首要任务是引起注意并使其知晓。这时沟通的简单方法是反复重复企业或产品的名称。认识即当 X 县芒果种植户对企业和产品已经知晓但所知不多时，甲化肥厂应将建立目标受众对企业或产品的清晰认识作为沟通目标。

3. 设计促销信息

需要解决四个问题：信息内容、信息结构、信息形式和信息来源。

（1）信息内容

信息内容是信息所要表达的主题，也被称为诉求。其目的是促使受众做出有利于企业的良好反应。对甲化肥厂而言，可以采取三种诉求方式。一是理性诉求（RA 化肥 tionA

化肥 l A 化肥 ppeA 化肥 ls），针对 X 县芒果种植户的兴趣指出 A 化肥能够产生的功能效用及给购买者带来的利益。如利用率更高，用量省，浪费少，更划算；水肥并施，省工省力；养分配比合理，满足芒果生长各种需要。二是情感诉求（EmotionA 化肥 l A 化肥 ppeA 化肥 ls），通过使 X 县芒果种植户产生正面或情感，来激励其购买行为。如通过媒体报道，说明甲化肥厂为了当地农户的利益，不惜重金、努力研究 A 化肥。三是道德诉求（MorA 化肥 l A 化肥 ppeA 化肥 ls）。这种方法是诉求于人们心目中的道德规范，促使人们分清是非，弃恶从善，如遵守交通规则、保护环境、尊老爱幼等。甲化肥厂可以在企业形象宣传中突出 A 化肥环保、不损害果农身体健康等优点。

（2）信息结构

信息结构也就是信息的逻辑安排，主要解决三个问题：一是是否做出结论，即是提出结论还是由受众自己做出结论；二是单面论证还是双面论证，即是只宣传商品的优点还是既说优点也说不足；三是表达顺序，即沟通信息中把重要的论点放在开头还是结尾的问题。针对 X 县芒果种植户的行为习惯和接受能力，应采取直白、简明的信息结构，加强思维冲击。

（3）信息形式

信息形式的选择对信息的传播效果具有至关重要的作用。如在印刷广告中，传播者必须决定标题、文案、插图和色彩，以及信息的版面位置；通过广播媒体传达的信息，传播者要充分考虑音质、音色和语调；通过电视媒体传达的信息，传播者除要考虑广播媒体的因素外，还必须考虑仪表、服装、手势、发型等体语因素；若信息经过产品及包装传达，则特别要注意包装的质地、气味、色彩和大小等因素。

（4）信息来源

由谁来传播信息对信息的传播效果具有重要影响。如果信息传播者本身是接受者信赖甚至崇拜的对象，受众就容易对信息产生注意和信赖。对 X 县芒果种植户而言，当地农业技术推广机构的专家是他们心目中的权威。可以请芒果种植技术人员科普液体肥相较固体肥的优点，介绍液体肥的使用方法和注意事项。在媒体推广时，注意选择当地有影响力的媒介，比如电视台的权威性就要优于广播台。

4. 选择信息沟通渠道

信息沟通渠道通常分为两类：人员沟通与非人员沟通。

（1）人员沟通渠道

人员沟通渠道是指涉及两个或更多的人的相互间的直接沟通，可以是当面交流，也可以通过电话、信件甚至 QQ 网络聊天等方式进行。这是一种双向沟通，能立即得到对方的反馈，并能够与沟通对象进行情感渗透，因此效率较高。在产品昂贵、风险较大或不常购买及产品具有显著的社会地位标志时，人员的影响尤为重要。对 X 县芒果种植户来说，化肥的选择影响当年的收成，也会影响家庭全年的收入，所以更换化肥是一件较为慎重的事情。在 A 化肥新上市阶段，面临很多不理解甚至非议，因此要加大人员沟通的力度。可以按照村镇的范围，选择、培育一批客户代表，先行试用并协助推广，给予推广提成。客户代表要比公司业务员的可信度高，更容易让果农接受。

（2）非人员沟通渠道

非人员沟通渠道指不经人员接触和交流而进行的一种信息沟通方式，是一种单向沟通方式。包括大众传播媒体（MA 化肥 ss MediA 化肥）、气氛（A 化肥 tmosphere）和事件（Events）等。大众传播媒体面对广大的受众，传播范围广；气氛指设计良好的环境因素制造的氛围，如商品陈列、POP 广告、营业场所的布置等，促使消费者产生购买欲望并导致购买行动；事件指为了吸引受众注意而制造或利用的具有一定新闻价值的活动，如新闻发布会、展销会等。

对 A 化肥而言，单纯的人员推销虽然有效，但效率较低。如果果农没有在其他媒体接触过 A 化肥产品，接受人员推销的过程会比较长。甲化肥厂可以在当地采取具有地方特色的推广方式，如进村刷墙、定制农资站匾额、发放定制的小礼品（扇子、雨伞、折叠凳）等各种方式，烘托新产品上市的氛围，促使 X 县芒果种植户了解该类型产品，有一个基本概念，与人员推销配合才能达到事半功倍的效果。此外，A 化肥介绍期就大众传播媒体传播有利于促销活动的延续性，相关媒体投放可以持续开展，线上线下互动，多重加深 X 县芒果种植户对 A 化肥的印象。

三、提升促销氛围的创新方法

以山东某分公司推广绞肉机为实例，通过这个新品的推广活动就可以看出厂家如何利用促销推广活动来达到厂家提高产品和品牌知名度，提升销售量的目的。

促销活动一般可以达到的目标很多，例如增加市场销售额，发展新的顾客，激励顾客连续反复的购买，培养和增加顾客的忠实性，塑造公众的品牌意识，转移公众对于就价格的注意，争取展示机会宣传推广，竞争性拦截阻挠，等等。然而，一场好的促销活动所能达到的目的都不可能是过多的。也就是说，厂商和商家不要希望自己做一场活动就能够达到所有目标，或者是解决所有的市场问题。因此，厂商在策划一场促销推广活动时，一定具备吸引广大目标市场的兴趣，强烈的促销激励，促销活动的高知名度以及对于参与者的限制少等要素。

中国打折和赠品是厂商促销推广被采取最多的两种方式。尽管这些方式在短时间内确实可以达到提升销售量的作用，但是其副作用也是非常明显的，尤其是打折降价，不利于日后销售的持续性、利润水平的保持和品牌形象的高度以及消费者忠诚度的持久性等，更是容易引起价格战或者竞争者的反击行动。而赠品的管理难度也是非常大的。所以，如何做好促销推广活动已经成了商家销售过程中面临的一个新的课题。如促销的真正目的是什么，如何做好差异化的促销，怎么做促销才能既有人气又有销售量等等。

一个产品的市场发展分为多个阶段，如导入期、成长期、成熟期和衰退期等。每个促销推广活动的策划都要根据产品所处的不同阶段而制定。例如，在产品的导入期，为使产品尽快切入市场，产品的营销投资是较高的。因为，较多的广告或者公关活动才可以使产品知名度迅速提高；同时，可以展开规模较大的以激励消费者试用为目的的销售促进活动，并且由推广人员负责开发通路和产品的辅市等工作。

在产品的导入期。由于消费者对产品或服务尚缺乏信任，直接的广告宣传并不能起到预期的效果，反而造成大量的资源浪费。所以，初期公关的最主要目的有两个，建立信任，培养初始口碑人群，后者的效果体现会更加直接一些。所以，绞肉机的促销推广活动要以让消费者体验产品为主，目的是创造第一批用户。同时通过新品的促销推广，带动其他产品的销售，从而扩大德尔品牌的影响力和消费者的认知度，创造更多的用户和用户体验。绞肉机作为小家电市场一个新的品类，并没有直接的竞争对手。在推广前期，利用推广活动和广告来造势，创造用户需求，树立品牌认知形象。并将绞肉机的差异化焦点定在"精绞、快、全适应"几方面。

2010年8月，德尔成立了山东分公司，并在初期进入了当地的主流超市。11月，德尔公司制定了绞肉机的推广计划。2011年1月1日—3日山东分公司根据厂家的推广规划以及当地的市场实际，在潍坊世纪泰华城店、早春园店、潍坊银座商城财富广场店三个卖场实施了绞肉机"辞旧迎新，新春有礼——德尔电器·健康相随"的推广活动。目的是通过对绞肉机这一新品类的大力度推广，树立德尔在新品类中的行业地位和品牌知名度。通过强有力的推广活动和终端影响力来证实德尔电器对客户的支持力度及终端市场操作能力，从而提升代理商和终端卖场对德尔品牌的信心和销售积极性。大力度的促销活动聚拢卖场的人气，以此来带动电压力锅、榨汁机等品类的销售。具体方案是购买德尔DR411-1绞肉机，可以获赠电蒸笼、面粉和保鲜盒等超值赠品。

经过三天的努力，德尔在潍坊世纪泰华城店、早春园店、潍坊银座商城财富广场店三家卖场共计销售德尔绞肉机等各类家电产品516台，销售额达到8万元。其中绞肉机的销售量约占总量的15%左右，没有达到预期的销售目标，但是其他产品的销售量则超出预期。厂家分公司总经理认为，德尔山东分公司在潍坊三个卖场的元旦促销活动的推广有三个目的，推广绞肉机这个品类以及树立德尔在绞肉机这一品类中的行业地位是最重要的。同时借促销活动的人气，带动其他产品的销售。从活动的效果看，这两大目的都基本达到了。一方面，绞肉机借助促销活动让更多的消费者先知道绞肉机这个产品。在一些中老年消费者的记忆里，绞肉机应该是手摇的机械式产品，电动的绞肉机既没有听说过也没见过。因此，卖场内用绞肉机现场加工制作肉馅的演示吸引了很多消费者前来驻足观看。尤其是对于几秒钟内就可以将肉搅碎这一过程非常关注。有的消费者非常注重饮食安全。尤其是家里有孩子的或者是日常喜欢制作或者购买肉馅的消费者在卖场发现赠品的力度很大，就会选择立刻购买。另一方面，绞肉机这个品类处于发展的初级阶段，德尔这个在食品加工类产品中具有较高技术能力，利用绞肉机提升品牌的知名度是一个非常好的切入点。事实证明，很多消费者是第一次听说绞肉机这个产品，而且是通过德尔这个品牌知道的。那么，德尔绞肉机的推广活动的主要目的就已经达到了。

该公司的绞肉机现场演示不但吸引了顾客，也吸引了为单位采购节日礼品的团购单。元旦期间，潍坊当地两个单位都希望团购绞肉机作为职工的福利发放。由于绞肉机演示活动在卖场客流量较大的通道，所以现场的演示活动吸引了很多人气，有的顾客虽然家里不经常做肉馅或者感觉绞肉机日常的用途不大，却发现电热水壶、料理机、搅拌机等其他德尔的产品促销力度很大，而且产品外观精致，也会选择购买。这对于扩大品牌的知名度起到了非常好的作用。也就是说绞肉机的演示带动了其他产品的销售。统计显示，德尔元旦潍坊促销活动绞肉机的销售量只占总量的 15%，另外 85% 的销售量为德尔的其他产品。尤其是德尔电压力锅的销售量最大，占了将近 50% 的销售量。

从以上业绩看，德尔在潍坊做的促销推广活动是比较成功的。在总结经验的时候，黄经理认为，一场促销活动要有主要目标，不能只靠赠品和低价来吸引消费者，体验式营销对消费者选购商品以及对于卖场气氛的营造的影响力很大。而品牌在这样的促销活动中，更是最大的受益者。

第二节　人员推销策略

人员推销，是指推销人员在一定的推销环境里，运用各种推销技巧和手段，说服用户接受企业的商品，从而既能满足用户需要，又能扩大企业销售的活动。推销活动具有双重目的性。即满足用户需求与实现扩大销售。现代推销是一种互惠互利的活动，必须同时满足企业和用户双方的利益，解决双方的问题，而不能仅考虑一方利益，一厢情愿就无法达成交易。而人员推销的主要任务：首先，为顾客提供服务。它包括：了解用户需求；提供商品信息，帮助选购；化解用户与企业间的矛盾等。其次，为自己的公司提供最佳服务。它包括：推销商品；协助企业收回货款；提供必要的报告；积极参加各种销售会议；建立企业的良好声誉或扩大企业的影响等。最后，推销人员必须努力完成既定的促销任务，严守公司机密。不断研究推销术，自我充实，提高业务素质。因此人员推销是传递商品信息，说服用户购买的过程。这一过程包括七个阶段，推销人员应根据具体情况运用不同的推销程序及策略。

一、人员推销的任务和作用

人员推销是指企业通过派出销售人员与一个或一个以上可能成为购买者的人交谈，作口头陈述，以推销商品，促进和扩大销售。人员销售是销售人员帮助和说服购买者购买某种商品或劳务的过程。

（一）人员推销的特点

（1）信息传递的双向性

（2）推销过程的灵活性

（3）满足需求的多样性

（4）推销目的的双重性

（二）人员推销的基本形式

（1）上门推销

（2）柜台推销

（3）会议推销

（三）人员推销的步骤

识别潜在客户——事前准备——接近——介绍——应付异议——成交——事后跟踪。

1. 何谓人员推销

有人认为，人员推销就是多磨嘴皮、多跑腿，把手里的商品卖出去而已，无须什么学问和技术。有人认为人员推销就是欺骗，推销技术就是骗术。这都是不同人员推销的一种表现。其实，人员推销是一项专业性很强的工作，是一种互惠互利的推销活动，它必须同时满足买卖双方的不同需求，解决各自不同的问题，而不能只注意片面的产品推销。尽管买卖双方的交易目的大不相同，但总可以达成一些双方都可以接受的协议。人员推销不仅是卖的过程，而且是买的过程，即帮助顾客购买的过程。推销员只有将推销工作理解为顾客的购买工作，才能使推销工作进行得卓有成效，达到双方满意的目的。为顾客服务，不仅是推销员的愿望和口号，而且也是人员推销本身的客观要求。换句话说，人员推销不是推销产品本身，而是推销产品的使用价值和实际利益。顾客不是购买产品实体本身，而是购买某种需要的满足；推销员不是推销单纯的产品，而是推销一种可以解决某些问题的答案。能否成功地将推销产品解释为顾客需要的满足，能否成功地将推销产品解释为解决顾客问题的答案，是保证推销效果的关键因素。因此，推销员应该说的是"推销品将使顾客的生活变得如何好"，而不是"推销品本身如何好"。此外，应认识到的是，人员推销是一种专业性和技术性很强的工作，它要求推销员具备良好的政治素质、业务素质和心理素质，以及吃苦耐劳、坚韧不拔的工作精神和毅力。人员推销是一种金钱、时间、才智的合聚的综合性的商业活动。从不同的角度出发，可以给人员推销下不同形式的定义，但它们包含的关键内容和要素是相同的。

一般而言，人员推销的基本要素为推销员、推销产品、推销对象。人员推销是一种具有很强人性因素的，独特的促销手段。它具备许多区别于其他促销手段的特点，可完成许多其他促销手段所无法实现的目标，其效果是极其显著的。相对而言，人员推销较适于推销性能复杂的产品。当销售活动需要更多地解决问题和说服工作时，人员推销是最佳选择。

说服和解释能力在人员推销活动中尤为重要，它会直接影响推销效果。

2. 人员推销有六个特点

（1）人员推销可满足推销员和潜在顾客的特定需要，针对不同类型的顾客，推销员可采取不同的、有针对性的推销手段和策略。

（2）人员推销往往可在推销后立即成交。在推销现场使顾客进行购买决策，完成购买行动。

（3）推销员可直接从顾客处，得到信息反馈，诸如顾客对推销员的态度、对推销品和企业的看法和要求等。

（4）人员推销可提供售后服务和追踪，及时发现并解决产品在售后和使用及消费时出现的问题。

（5）人员推销成本高，所需人力、物力、财力和时间量大。

（6）某些特殊条件和环境下人员推销不宜使用。

人员推销的目的主要有三点：其一，了解顾客对本企业产品信息的接收情况以及市场需求情况，确定可成为产品购买者的顾客类型。了解目标市场和顾客对企业及其产品的反应及态度，准确选择和确定潜在顾客；其二，收集、整理、分析信息，并尽可能消除潜在顾客对产品、对推销员的疑虑，说服他们采取购买行动，成为产品真正的购买者；其三，促使潜在顾客成为现实购买者，维持和提高顾客对企业、产品及推销员的满意程度。因此，为了进行成功的重复推销，推销员必须努力维持和不断提高顾客对企业、产品及推销员本人的满意程度。

3. 人员推销的种类繁多，形式各异。归纳起来，有五种类型：

（1）生产厂家的人员推销，即生产厂家雇佣推销员向中间商或其他厂家推销产品。日用消费品生产厂家的推销员往往将中间商作为他们的推销对象；而工业品生产厂家的推销员则把他们的产品作为生产资料的其他生产厂家作为推销对象。

（2）批发商。他们往往也雇佣成百上千名推销员在指定区域向零售商推销产品。零售商也常常依靠这些推销员来对商店的货物需求、货源、进货量和库存量等进行评估。

（3）零售店人员推销。这类推销往往是顾客上门，而不是推销员拜访顾客。

（4）直接针对消费者的人员推销。这类推销在零售推销中所占比重不大，是推销力量中的一个重要部分，有其特殊优点和作用。

（5）对无形产品的推销，主要指对保险、银行、旅游、服务业等的人员推销，还包括对不动产如工商企业的不动产、房地产等的人员推销。对这类推销员的要求很高，他们要通晓法律等各方面知识，甚至需要通过必要的考试。

（四）推销员

推销员是实现公司与消费者双向沟通的桥梁和媒介之一，推销员在公司的营销活动、特别是促销活动中的地位和作用是不容忽视的，是公司里最重要、最宝贵的财富之一，它是公司生存和发展的支柱。在推销过程中，推销员就是企业的代表和象征，推销员有现场经理、市场专家、销售工程师等称号。越是在竞争激烈、复杂的市场上，企业越需要应变能力强、创造力强的开拓型推销员。

1. 推销员的任务

（1）顺利销售产品，扩大产品的市场占有率，提高产品知名度。公司经营的中心任务就是占领和开拓市场，而推销员正是围绕这一中心任务开展工作的。推销员的重要任务就是利用其"千里眼"和"顺风耳"在复杂的市场中寻找新的、尚未满足的消费需求。他们不仅要说服顾客购买产品，沟通与老顾客的关系，而且还要善于培养和挖掘新顾客，并根据顾客的不同需求，实施不同的推销策略，不断扩大市场领域，促进公司生产的发展。

（2）沟通信息。顾客可通过推销员了解公司的经营状况、经营目标、产品性能、用途、特点、使用、维修、价格等诸方面信息。刺激消费者从需求到购买行动的完成，同时，推销员还肩负着搜集和反馈市场信息的任务，应及时了解顾客需求、需求特点和变化趋势，了解竞争对手的经营情况，了解顾客的购后感觉、意见和看法等等，为公司制定有关政策、策略提供依据。

（3）推销商品、满足顾客需要、实现商品价值转移。推销员在向顾客推销产品时，必须明确他推销的不是产品本身，而是隐藏在产品背后的对顾客的一种建议，即告诉顾客，通过购买产品，他能得到某些方面的满足。同时，要掌握顾客心理，善于应用推销技巧，对不同顾客使用不同的策略。

（4）良好的服务是推销成功的保证。推销员在推销过程中，应积极向顾客提供多种服务，如业务咨询、技术咨询、信息咨询等等。推销中的良好服务能够增强顾客对企业及其产品的好感和信赖。

2. 推销员的业务素质包括七个方面

（1）推销员必须对所代表的公司有一个全面了解

熟悉公司发展史，对公司历年财务、人员状况、领导状况及技术设备都了如指掌，因为这些知识都有助于增强顾客对推销员的信任感。推销员还必须掌握公司经营目标和营销策略，并能够灵活运用和解释它们。同时，还应该学会巧妙运用统计资料来说明公司的地位，力争在顾客心目中树立起良好的公司形象。

（2）推销员应该是产品专家，应全面了解从产品设计到生产的全过程，熟悉产品性能、特点、使用、维修，熟知产品成本、费用、出厂价格。还应全面掌握产品种类。设备状况、服务项目、定价原则、交货方式、付款方式、库存、运输条件等。另外，还必须了解竞争产品情况。

（3）推销员一方面需要了解顾客购买的可能性及希望从中得到的利益，另一方面还需要了解顾客购买决策依据，顾客购买决策权在谁手中，谁是购买者，谁是使用者和消费者。了解顾客的购买条件、方式和时间，深入分析不同顾客的心理、习惯、爱好和要求。

（4）推销员还要掌握相关知识，主要包括营销策略、市场供求情况、潜在顾客数量、分布、购买动机、购买能力、有关法规等。

（5）优秀的推销员还应具备良好的文化素质。对推销员来说，同行竞争的焦点往往是文化素质的差异。在文化素质方面，要求推销员具有一定的专业知识，如经济学、市场学、心理学、经济法、社会学等，除此之外，还应在文学、艺术、地理、历史、哲学、自然科学、国际时事、外语等方面充实自己。博学多才是推销员成功的重要因素。

（6）推销员也应具备相应的法律素质，工作中要有强烈的法律意识和丰富的法律知识。推销工作是一种复杂的社会活动，受到一定的法律法规制约。推销过程中，推销员应注意衡量自己的言行是否合法，以及会给社会带来什么后果。

（7）人员推销实际上是一种交际活动。推销员是公司的"外交官"，要求他们讲究必要的推销礼仪。

①仪表虽不能绝对反映一个人的内心世界，但作为一个推销员，则必须注意仪表，推销员留给顾客的第一印象往往取决于推销员的外表，顾客喜欢仪表优雅、风度翩翩的推销员，而不喜欢不修边幅、形象拖沓的推销员。美国著名时装设计师约翰·T·莫洛伊曾为工商企业界人士写过一本名为《成功的衣着》的书，其中一部分是讲有关推销员衣着的。他认为，推销员的衣着以稳重大方、整齐清爽、干净利落为基准。他提出了一些供推销员参考的衣着标准。

a. 正统西服或轻便西式上装；

b. 干净、烫平；

c. 衣服颜色要慎重选择，尽量保持大方、稳重；

d. 尽可能不佩戴代表个人身份或宗教信仰的标志，除非确知推销对象与自己的身份或信仰相同；

e. 发蜡勿擦过多。以免使人感觉油腻恶心；

f. 不要戴太阳镜，因为只有眼神才能给顾客以可信赖感；

g. 首饰不要佩戴过多，以免使人觉得俗不可耐；

h. 装饰物或配物不要佩戴过多，

i. 可适当佩戴公司标志或与推销品相符的饰物，以使顾客对企业及推销品加深印象和联想；

j. 公事皮包要大方；

k. 配以高档笔，

l. 领带要质地优良；

m. 尽量不脱去上装，以免削弱推销员的权威和尊严；

n. 出发前从头到脚自检。

推销员的穿着要反映时代气息，朝气蓬勃，健康活泼，进取向上，庄重大方的衣着可增强推销员的自尊心和自信心，而只有这时，他才最勇气十足，信心百倍，推销效果最佳。

②推销员在言谈方面，应做到语言表达准确，避免措辞含糊不清；注意使用规范语言，除特殊场合外，一般应讲普通话和官方语言；使用礼貌语言，杜绝粗野语言；不要口头语；还应注意讲话的语音语调，发音清晰，速度适中，避免病句和错别字；讲话不应声嘶力竭或有气无力。总之，讲话要准确规范，富于表现力。

③推销员在举止方面，应注意遵守一些基本的准则，如敲门要轻，并稍远离门；打招呼、问候应主动、热情、适当；登门拜访顾客时应后于顾客落座，切忌乱动顾客的东西；谈话时态度关切、温和，坐态端正并稍向前倾，倾听认真、用心，切忌东张西望、心不在焉，回答问题时不要直接顶撞，需要否定对方意见时可用委婉语气；谈话时应不慌不忙，动作适度，站立时切忌双手倒背，交换名片时应双手呈递和双手接受，以示对对方的尊重，切忌一边访谈一边摆弄顾客的名片；必须注意克服不停眨眼、挖鼻孔、皱眉、瓣手、咬嘴唇、搔头、挖耳朵、吐舌头、耸肩膀、颤腿颤脚、踏地板、不停地看表、东张西望、慌慌张张、皮笑肉不笑等坏习惯。

④其他相关礼节。要注意顾客身份、年龄、选择适当的话题，不要千篇一律地用同一种形式打招呼。若除顾客外还有其他人如顾客的朋友在场，不能忽略他们，否则是不礼貌和不明智的。打电话时语气要温和、礼貌，接电话时最好先自报姓名和单位；若拨错号码，要向对方表示歉意。在通常情况下，推销员不要吸烟，因为吸烟本身是不文明的行为，它不仅对自己的健康有害，而且对他人危害更大，推销时吸烟，往往会分散顾客的注意力，甚至冒犯顾客，不利于推销工作。当然，在某些特殊地区和环境下，吸烟是不可回避、甚至是必不可少的。传统的推销与烟酒结下了不解之缘，因此，若推销员在推销过程中发现吸烟不可回避或有助于推销，那么，他也可灵活掌握。不要随意抖烟灰，开始面谈后，最好灭掉香烟，全神贯注地倾听顾客讲话。推销员在接受顾客的饮料时，要起身双手接过来并道谢，饮用时忌牛饮、出声。若要宴请顾客，在宴请地点和菜方面考虑顾客的心理和喜好，注意陪客人数不宜超过顾客人数，不能饮酒过量、醉酒、不能留下顾客，自己先离席，不要当着顾客的面付账……

3. 推销员分为三种类型：

（1）订货开发人员

其工作是寻找新顾客，向他们推销产品，说服现有顾客增加购买量。订货开发人员要求具备发现潜在顾客的能力和帮助现有顾客认识产品新用途的能力。

（2）订货接受人员

主要进行对产品的重复销售工作。其对象只是与老顾客打交道。这类推销员表面上看来只是一般办事员，其实他们的作用是不可低估的。若工作不得力，原有订户就有可能转移到其他公司去，导致本公司竞争失利。

（3）推销辅助人员

很多公司往往雇佣推销辅助人员来帮助推销员完成某些特殊性任务。如情报人员，他们的主要任务是帮助推销员完成公司与中间商之间的沟通，如提供信息、传递信息、解答问题等，并非直接推销产品，如交易、推销人员。这类人员通常是订货接受者，但也有帮助中间商推销商品的责任。又如技术人员主要从事技术复杂的产品推销工作。

二、常见的促销方式及促销创新思路

（一）常见的促销方式

1. 寻找顾客

寻找顾客就是寻找可能购买的潜在顾客。寻找顾客的方法很多，大体可分为两类：其一，推销人员通过个人观察、访问、查阅资料等方法直接寻找；其二，通过广告开拓，或利用朋友的介绍，或通过社会团体与推销员间的协作等间接寻找。因推销环境与商品不同，推销人员寻找顾客的方式不尽一致。推销的成功与失败，全在于推销员对推销策略的具体运用。成功的推销员都有其独特的方法。因此，推销人员要有效地寻找顾客，只有在实践中去体会和摸索，寻找一条适合行业、企业和个人的行之有效的办法。

2. 接近准备

接近准备即推销人员在接近某一潜在顾客之前进一步了解该顾客情况的过程。它有助于制订推销面谈计划并开展积极主动的推销活动，保证较高的推销效率。接近准备的方法很多，有观察、查阅资料、朋友或推销伙伴的介绍等。

3. 接近顾客

接近顾客指推销人员直接与顾客发生接触，以便成功地转入推销面谈。推销人员在接近顾客时既要自信，注重礼仪，又要不卑不亢，及时消除顾客的疑虑；还要善于控制接近时间，不失时机地转入正式面谈。常见的接近顾客方法有：第一，通过朋友，自我介绍或利用产品接近顾客；第二，利用顾客的虚荣心理，采取搭讪、赞美、求教、聊天等方式接近顾客；第三，利用顾客的求利心理，采用馈赠或说明某种利益接近顾客。

4. 推销面谈

推销面谈指推销人员运用各种方法说服顾客购买的过程。推销过程中，面谈是关键环节，而面谈的关键又是说服。推销说服的策略一般有两种：第一，提示说服。通过直接或间接、积极或消极的提示，将顾客的购买欲望与商品联系起来，由此促使顾客做出购买决策。第二，演示说服。通过产品、文字、图片、音响、影视、证明等样品或资料去劝导顾客购买商品。

5. 处理异议

顾客异议指顾客针对销售人员提示或演示的商品或劳务提出的反面意见和看法。处理顾客异议是推销面谈的重要组成部分。推销人员必须首先认真分析顾客异议的类型及其主要的根源，然后有针对性地施用处理策略。常用的处理策略有：第一，肯定与否定法。推销人员首先附和对方的意见，承认其见解，然后抓住时机表明自己的看法，否定顾客的异议，说服顾客购买。第二，询问处理法。推销人员通过直接追问顾客，找出异议根源，并做出相应的答复与处理意见。第三，预防处理法。推销人员为了防止顾客提出异议而主动抢先提出顾客可能异议并解释异议，从而预先解除顾客疑虑，促成交易。第四，补偿处理法。推销人员利用顾客异议以外的商品其他优点来补偿或抵消有关异议，从而否定无效异议。第五，延期处理法。推销人员不直接回答顾客异议，而是先通过示范表演，然后加以解答，从而消除顾客异议。

6. 达成交易

达成交易是顾客购买的行动过程。推销人员应把握时机，促成顾客的购买行为。达成交易的常用策略有：第一，优点汇集成交法。把顾客最感兴趣的商品优点或从中可得到的利益汇集起来，在推销结束前，将其集中再现，促进购买；第二，假定成交法。假定顾客已准备购买，然后问其所关心的问题，或谈及其使用某商品的计划，以此促进成交；第三，优惠成交法。通过提供成交保证，如包修包换、定期检查等，克服顾客使用的心理障碍，促成购买。

7. 跟踪服务

跟踪服务是指推销人员为已购商品的顾客提供各种售后服务。跟踪服务是人员推销的最后环节，也是新推销工作的始点。跟踪服务能加深顾客对企业商品的依赖，促使重复购买。同时，通过跟踪服务可获得各种反馈信息，为企业决策提供依据，也为推销员积累了经验，从而为开展新的推销提供广泛有效的途径。

（二）百货常见促销方式分析

随着社会的发展和科技的进步，人们对于生活水平的要求也越来越高，对于商品的选择也越来越挑剔。而现如今，百货商厦越来越多，竞争力也越来越大，要想吸引更多的顾客，获取更多的利润，不仅要将出售更为多样化、更高质量的商品，更要运用一定的策略来开发更多客源，留住老顾客。在我国，一般企业通常会采用薄利多销的方式来提高整体的收益，因此多样的促销方式不断地在市场中出现。这些促销方式，一方面招来了更多的顾客，一方面也为企业的管理带来了更大的负担。百货的销售与税收有着直接的关系，因此百货在采取促销方式的时候，必须充分考虑税收问题，对税收进行合理筹划，才能让促销为百货带来更多利润。

1. 折扣销售的促销方式分析

（1）折扣销售的实施方式

折扣销售也就是我们通常所说的打折，这是百货销售中最常见的一种促销手段，也是让顾客能够最直接地节省花销的方法。简单来说，折扣销售就是在商品原有价格的基础上，通过按照一定比例降价，吸引顾客前来购买。通过打折的方式，使每件商品中能获得的利润降低，而商品的总销售量大大增加。这种促销方式，能够使一些原本觉得该商品可买可不买的顾客抓到了难得的机会，从而将不确定的顾客变为消费的顾客，使购买该商品的顾客数量大大增加，每一位顾客购买的数量也会增加，如此一来，商品的总销量大幅度上升，虽然每一件商品的利润减少，然而对于百货企业来说，总的利润却增加了。例如，一件商品的原售价为500元，八折销售，那么，其实际售价即为400元。

（2）折扣销售的税收筹划

关于在打折促销中的税收，我国的税法中有明确的规定，企业在缴纳税费时，应当按照打折后的销售金额为准，同时也要求，所开出的发票中必须标注出原价以及折扣数额。如此一来，同一商品，百货企业在打折销售中所缴纳的税费要比以原价销售缴纳的税费减少一部分，这也就意味着，除了销售量增加为企业带来的利润，企业还能减少税费的开销，在一定程度上，为企业降低了销售成本，相对来说，又可以增加一部分利润。

2. 捆绑销售的促销方式分析

（1）捆绑销售的实施方式

捆绑式销售通常分为两种方式，一种是顾客在买一种商品的时候，百货企业为顾客赠送一定量的同种商品；另一种方式是免费赠送或可以以低价同时购进两种商品。第一种方式，也就是我们常见的"买一赠一""买N赠一"等，这种促销方式比较适用于小型日用品的销售。这种促销方式，能够使同一位顾客一次性购买多件同类商品，对于那些急于销售、企业急需资金回流的商品的促销效果格外明显。第二种方式则是，顾客想要购买商品A，而企业提出，可以赠送商品B，或者以总价较低的方式同时购买A和B商品。这种销售方式适用于两种销售业绩相差较大的商品中。以此来以销量较好的商品带动销量较差的商品，使其销售量增加，而就利润方面来说，销售量大的商品的利润就会向销售量小的商品流动。

（2）捆绑销售的税收筹划

对于这种促销方式的税费，我国税法中则规定，销售中所赠送给顾客的赠品是一种商业捐赠的形式，在税收方面应当与销售采取相同的税收方式。也就是说，无论是"买一赠一""买N赠一"，还是购买商品A赠送商品B，百货企业都要对所有出售的商品支付相应的税费。而对于同时销售的商品，则可以按照统一价格来征收税费。也就是说，商品A和商品B进行捆绑销售时，可以按照统一的价格来收取税费。这也就意味着，在销量、成本、利润相同的条件下，同时销售两种商品却可以少缴纳一部分税费。然而，在不同的条件下，这两种捆绑式销售方式各有所长，在销售与税收筹划中，还应当根据具体情况具体分析。

3. 满返、满减、满变等促销方式分析

（1）满返、满减、满变的实施方式

这几种促销方式的共同点就是促使顾客消费满足一定的数额。满返，指的就是当顾客消费满足一定的数额时，返还顾客一定数量的现金或购物券，例如，商品A原售价为500元，促销活动规定为满300元返100元，这时，企业在收入500元的同时，还支出了100元；满减指的则是当顾客消费金额满足一定数额时，顾客可按照扣减后的数额来交付费用，例如，商品 A 的售价为 500 元，促销活动规定，满 300 元，减 100 元，顾客只需支付 400 元即可买到商品 A，这种促销方式与折扣类似，可以说是折扣的一种演变；满变，则是一种介于满返和满减之间的一种促销方式，当顾客消费满足一定金额之后，顾客可以以商量的金额购买较高价格的商品。这三种促销方式，前提是要求顾客消费满一定额度，而顾客则会为了能够享受到这种促销，购买更多的商品。然而，这三种促销方式，往往规定的消费金额较高，部分顾客会因为达不到金额而放弃。

（2）满返、满减、满变的税收筹划

该种折扣方式所涉及的商品、价格数目较多，在进行税收筹划时需要考虑多个项目，百货企业要想从这种促销方式中获得更多的利润，就要对多种商品、多种价位进行细致的计算，从而衡量出哪一种才是最佳促销方式。这为企业的财政管理带来了更大的工作量。因此，企业选用这几种促销方式还需多慎重。对于满返的促销方式，顾客在购买商品 A 时所返还的购物券，也许会用到商品 B 的购买中，百货企业若想有目的地对某些商品进行促销，可以在赠送购物券时规定哪些商品可以使用；对于满减的促销方式，由于所需要满足的额度有了明确的规定，而未满额度的部分，没有折扣或折扣力度较小，这就需要控制扣点的力度；对于满变的促销方式，由于其性质介于满返和满减之间，应当根据销售实际情况，来制定具体的促销措施，并做好税收筹划。

4. 满额送礼品的促销方式分析

（1）满额送礼品的实施方式

相对于前几种削减销售利润的促销方式来说，满额送礼品则是通过增加百货的营业费用来达到促销的目的。满额送礼品，这个概念并不难理解，也就是说，顾客在消费满一定数额之后，商场将会赠送一些商品作为礼品。消费额度既可以是一次性的，即本次购物消费达到一定的数额时，可以立即领取礼品，也或者是通过积分的方式，让顾客在多次的购物之后，达到一定的消费数额后，商场将一次性赠送某种礼品。抑或是，顾客消费达到一定的数额之后，凭借发票等消费记录抽取奖品。无论是哪种方式，都对顾客的消费数额提出了一定的要求，同时，百货企业也要拿出另一部分的资金作为为顾客购买礼品的费用。这种促销方式要求企业有足够充裕的资本，并且资本回收周期较长，尤其是以积分的形式，为多次消费金额达到要求的顾客赠送礼品。而这种促销方式的优点则是，有利于留住更多的老顾客，为长期的销售业绩奠定基础。

（2）满额送礼品的税收筹划

满额赠送礼品这种促销方式所需要担负的税费与"买一赠一"的促销方式是一样的，我国的税法规定，企业赠送给顾客的商品应当视同销售，并且按照市场价格征收税费。这也就意味着，企业将这些礼品赠送给顾客，不仅未能获取利益，还要担负所有的成本和税收，在此所增加的营业费用，需要从商品销售所获得的利润中获取回来。因此，企业在采取这种促销方式的时候，应当合理地估计需要缴纳的税费，并通过精确的计算方式，制定出合理的赠送礼品的价值，顾客消费的额度，以便保证顾客既能够被这样的促销方式所吸引，又能够让企业获得更多的利润。

随着百货的不断发展，这些促销的方式将会根据销售所需而进行合理地利用。各种促销方式之间存在着不同的差异，在促销的过程中既存在优势也存在缺陷。在实际的促销活动中，还要注意以下几个问题：首先，要充分了解与税收相关的法律法规，明确政府对于税收方面做出的政策指导，使百货能够把握好法律与政策的时机，为百货寻求更多的发展商机；其次，要从百货的整体情况出发，为其未来的长久发展作打算，将促销策略与税收筹划相结合，促进百货的统一性发展；再次，百货在运用促销手段的时候，就要做好承受风险的准备。防止因促销和税收筹划不合理而带来的损失。通过促销方式与税收筹划两方面的充分考虑，对于促销方式的选择要灵活多变，才能让百货能够在这种运营方式中获得更大的收益，取得更为长久发展的机会。

第三节　市场营销广告策略的创新

广告的时间策略，就是对广告发布的时间和频度做出统一的、合理的安排。品牌联播会视广告产品的生命周期阶段、广告的竞争状况、企业的营销策略、市场竞争等多种因素的变化而灵活运用。品牌联播根据企业的现状和需求定制媒体发布方案，找到精准的定位，充分利用近两万家网络媒体资源，为客户提供专业的网络媒体策划、撰写和发布服务。此外，品牌联播还提供网络精准广告、行业口碑营销、网络活动营销、品牌营销、搜索引擎营销、网络舆情监控等服务项目，全方位为企业打造全新互联网知名品牌。广告的时间策略在时限运用上主要有集中时间策略、均衡时间策略、季节时间策略、节假日时间策略等四种；在频度上有固定频度和变动频度两种基本形式。

一、广告定位策略

广告产品定位策略的具体运用主要分为两大类：实体定位策略和观念定位策略。

（一）实体定位策略

所谓实体定位策略，就是在广告宣传中突出商品的新价值，强调与同类商品的不同之处和所带来的更大利益。实体定位策略又可分为功效定位、品质定位、市场定位、价格定位等。

功效定位是在广告中突出商品的特异功效，使该商品在同类产品中有明显区别，以增强选择性需求。它是以同类产品的定位为基准、选择有别于同类产品的优异性能为宣传重点的。如美国百事可乐的宣传，就以不含咖啡因为定位基点，以区别于可口可乐。又如，红牌羊绒衫宣传工艺好，蓝牌羊绒衫的宣传就应强调原料的特点。品质定位是通过强调产品具体的良好品质而对产品进行定位。如美国的多芬 (DOVE) 香皂，便以滑润皮肤作为广告宣传的重点。

市场定位是市场细分策略在广告中的具体运用，将商品定位在最有利的市场位置上。DOVE 香皂被定位为女士香皂，就是这种定位的具体运用。价格定位则是因商品的品质、性能、造型等方面与同类商品相近似，没有什么特殊的地方可以吸引消费者，在这种情况下，广告宣传便可以运用价格定位策略，使商品的价格具有竞争性，从而击败竞争对手。

（二）观念定位策略

观念定位策略是突出商品的新意义、改变消费者的习惯心理、树立新的商品观念的广告策略。具体有两种方法：逆向定位和是非定位。

1. 逆向定位

逆向定位是借助于有名气的竞争对手的声誉来引起消费者对自己的关注、同情和支持，以便在市场竞争中占有一席之地的广告产品定位策略。大多数企业的商品定位都是以突出产品的优异性能的正向定位为方向的，但逆向定位则反其道而行之，在广告中突出市场上名气响亮的产品或企业的优越性，并表示自己的产品不如它好，甘居其下，但准备迎头赶上；或通过承认自己产品的不足之处，来突出产品的优越之处。这是利用社会上同情弱者和信任诚实的人的心理，故意突出自己的不足之处，以唤起同情和信任的手法。

2. 是非定位

是非定位则是从观念上人为地把商品市场加以区分的定位策略。最有名的例子是美国的七喜 (7UP) 汽水。他们在广告宣传中运用是非定位策略，把饮料分为可乐型和非可乐型饮料两大类，从而突破可口可乐和百事可乐垄断饮料市场的局面，使企业获得空前成功。广告的产品定位策略，同样可用于企业定位、劳务定位。它是根据企业的营销策略、商品差别化、市场细分化、产品生命周期阶段等状况，确定广告最有利的诉求位置的一种有效策略。该策略应用的好坏，直接影响广告效果。

二、广告策略的类型

广告策略是实现、实施广告战略的各种具体手段与方法，是战略的细分与措施。常见的广告策略有四大类，即产品策略、市场策略、媒介策略和广告实施策略。那么广告策略有哪些类型？

（一）生活信息广告策略

这主要是针对理智购买的消费者而采用的广告策略。这种广告策略，通过类似新闻报道的手法，让消费者马上能够获得有益于生活的信息。

（二）塑造企业形象广告策略

这种广告策略一般来说，适合于老厂、名厂的传统优质名牌产品。这种广告策略主要是强调企业规模的大小及其历史性，从而诱使消费者依赖其商品服务形式。也有的是针对其产品在该行业同类产品中的领先地位，为在消费者心目中树立领导者地位而采取的一种广告策略。

（三）象征广告策略

这种广告策略，主要是为了调动心理效应而制定的。企业或商品通过借用一种东西、符号或人物来代表商品，以此种形式来塑造企业的形象，给予人们以情感上的感染，唤起人们对产品质地、特点、效益的联想。同时，由于把企业和产品的形象高度概况和集中在某一象征上，能够有益于记忆，扩大影响。

（四）承诺式广告策略

这是企业为使其产品赢得用户的依赖而在广告中做出某种承诺式保证的广告策略。值得提出的是承诺式广告的应用，在老产品与新产品上的感受力度和信任程度有所不同的。承诺式广告策略的真谛是：所作出的承诺，必须确实能够达到。否则，就变成更加地道的欺骗广告了。

（五）推荐式广告策略

企业与商品自卖自夸的保证，未必一定能说服人。于是，就要采用第三者向消费者强调某商品或某企业的特征的推荐式广告策略，以取得消费者的信赖。所以这种广告策略，又可称为证言形式。对于某种商品，专家权威的肯定，科研部门的鉴定，历史资料的印证，科学原理的论证，都是一种很有力的证言，可以产生"威信效应"，从而导致信任。在许多场合，人们产生购买动机，是因为接受了有威信的宣传。

（六）比较性广告策略

这是一种针对竞争对手而采用的广告策略，即将两种商品同时并列，加以比较。"不怕不识货，就怕货比货"。比较，可以体现产品的特异性能，是调动信任的有效方法，比较的方法主要有：第一，功能比较；第二，革新对比；第三，品质对比。

（七）打击伪冒广告策略

这是针对伪冒者而采取的广告策略。鉴于市场上不断出现伪冒品，为避免鱼目混珠，维护企业名牌产品的信誉，就需在广告中提醒消费者注意其名牌产品的商标，以防上当。

（八）人性广告策略

这是把人类心理上变化万千的感受，加以提炼和概括，结合商品的性能、功能和用途，以喜怒哀乐的情感在广告中表现出来。其最佳的表现手法是塑造消费者使用该产品后的欢乐气氛，通过表现消费者心理上的满足，来保持该产品的长期性好感。

（九）猜谜式广告策略

即不直接说明是什么商品，而是将商品渐次地表现出来，让消费者好奇而加以猜测，然后一语道破。这种策略适宜于尚未发售之前的商品。猜谜式广告策略，看起来似乎延缓了广告内容的出台时间，其实却延长了人们对广告的感受时间。通过悬念的出现，使原来呈纷乱状态的顾客心理指向，在一定时间内围绕特定对象集中起来，为顾客接受广告内容创造了比较好的感受环境和心理准备，为顾客以后更有效地接受广告埋下了伏笔。

（十）如实广告策略

这是一种貌似否定商品，实际强化商品形象，争取信任的广告策略。这与竭力宣传本商品各种优点，唯恐令人不信的广告有很大区别。如实广告就是针对消费者不了解商品的情况，如实告诉消费者应当了解的情况。

三、广告的市场策略

广告的市场策略包括三个具体策略：目标市场定位、广告促销策略和广告心理策略。

（一）目标市场定位策略

所谓目标市场定位策略，就是企业为自己的产品选定一定的范围和目标、满足一部分人的需要的方法。任何企业，无论其规模如何，都不可能满足所有顾客的整体要求，而只能为自己的产品销售选定一个或几个目标市场，这就是所谓的市场定位。企业的目标市场定位不同，销售策略不同，广告策略也不一样。目标市场是广告宣传有计划地向指定市场进行传播活动的对象。因此，在制定广告策略时，必须依据企业的目标市场的特点，来规定广告对象、广告目标、媒介选择、诉求重点和诉求方式等。

（二）广告促销策略

广告促销策略是一种紧密结合市场营销而采取的广告策略，它不仅告知消费者购买商品的获益，以说服其购买，而且结合市场营销的其他手段，给予消费者更多的附加利益，以吸引消费者对广告的兴趣，在短期内收到即效性广告效果，有力地推动商品销售。广告促销策略，包括馈赠、文娱、服务、折价、公共关系等促销手段的运用。

馈赠广告是一种奖励性广告，其形式很多，如广告赠券等。食品、饮料和日用品的报刊广告多用此法。优待方法多半采用折价购买或附赠小件物品。这个办法既可以扩大销售，又可检测广告的阅读率。除广告赠券外，广告与商品样品赠送配合也是一种介绍商品的有效方法，但费用很高。

文娱广告也是广告促销的常用策略，如出资赞助文艺节目和电视剧、广播剧的制作等。此外，如猜谜、有奖征答等，也是广告的有效形式。

中奖广告是一种抽奖中奖形式的广告推销手段，在国外很流行，也具有一定的效果。

公益广告是把公益活动和广告活动结合起来的广告策略。通过关心公益，关心公共关系，开展为社会服务活动，争取民心，树立企业形象，从而增强广告的效果。能给人一种企业利润取之于社会、用之于社会的好感。

（三）广告心理策略

广告心理策略的作用与人们的心理活动密切相关，而广告的促销心理策略，则是运用心理学的原理来策划广告，诱导人们顺利地完成消费心理过程，使广告取得成功。过程如下：第一，诉诸感觉，唤起注意；第二，赋予特色，激发兴趣；第三，确立信念，刺激欲望；第四，创造印象，加强记忆；第五，坚定信心，导致行动。

广告活动中常用的心理学原理有需要、注意、联想、记忆、诉求等。

需要是人们进行实践活动的原动力。人们之所以购买这种商品，而不购买别的商品，就是由于这种商品能够满足他们的某种需要。广告的促销活动不但要告诉人们有关商品的知识，而且要说明这种商品是符合他们的需要的。当人们认识到这种商品对于他们的价值，即符合他们的某种需要时，他们才会购买。成功的广告，就是首先掌握了人们的需要，并针对人们的需要确立广告诉求的重点和创作设计广告。

需要是广告诉求定位的主要依据。同是一个商品，它有许多属性，而只有那些最能满足需要的诉求定位才能导致购买行为，使广告获得成功。消费者不仅对商品的使用价值有所要求，而且要求获得心理上的满足。广告要同时掌握人们对商品实用价值和心理价值的需要，才能获得成功。同时，广告还必须能引起需要和刺激需要，通过对潜在需要的激发，使消费者产生物质欲求，并加强其信心，排除障碍，促使购买。这也是我们所说的广告指导消费的作用。

引起人们的注意，是广告成功的基础。广告若不能引起注意，肯定要失败。因为注意是人们接触广告的开端，只有注意了广告，才能谈得上对广告内容的理解。在广告设计中有意识地加强广告的注意作用，是广告的重要心理策略。广告引起人们注意的方法有多种，主要是扩大空间面积，延长广告时间，突出广告色彩，增强广告的艺术化和使广告具有动态感等。

广告的时间和篇幅都是有限的，仅靠直接印象取得的广告效果也是有限的。只有通过各种手段，激发有益的联想，才能加强刺激的深度和广度。这是有意识地增强广告效果的重要手段。

联想能够使人们扩大和加强对事物的认识，引起对事物的兴趣，使消费者产生愉悦的情绪，对形成购买动机和促成购买行为有重要影响。在广告中，主要运用接近联想、连续联想、相似联想、对比联想、记忆联想和颜色联想等。

广告运用记忆原理，使人们在实现购买时能记起广告内容，并起到指导选购的作用。要考虑不同的广告对象的记忆特点来策划广告，要尽可能按需要的、注意的、有趣的、形象的、活动的、联想的、易于理解的和反复的等要求来设计广告，使人容易留下深刻的印象，保持记忆，便于回想。诉求是指外界事物促使人们从认知到行动的心理活动。广告诉求就是告诉人们有哪些需要，如何去满足，并敦促他们去为满足需要而购买商品。广告诉求一般有知觉诉求、理性诉求、情感诉求和观念诉求等多种。广告心理策略实质上就是对这些诉求的灵活运用。

广告的媒介策略，在实质上，是根据广告的产品定位策略和市场策略，对广告媒介进行选择和搭配运用的策略。其目的在于以最低的投入取得最大的广告效益。

四、实例：广告策略的创新方法

（一）实例一：雇主品牌推广策略

雇主品牌作为企业的第三种品牌，其影响力的发挥与产品品牌一样需要不断进行推广与传播才能实现。而雇主品牌与企业品牌、产品品牌既有区别又有联系，雇主品牌的推广对象是企业员工或潜在企业员工，所以我们要在借鉴其他品牌推广策略的基础上，根据雇主品牌的特点开发出符合其自身规律的推广策略，便于企业在今后的雇主品牌推广中有章可循。

1. 与媒体深度合作

与媒体深度合作可以直观、生动、高效的宣传企业雇主品牌。如今，招聘类电视节目、最佳雇主评选等媒体主办的活动在社会上的影响力越来越大。通过电视、网络等这些强大的媒体可以直观、生动地展现企业雇主形象，并且具有传播范围广、传播时效快、可信度高的特点。参加一些知名度高的节目无疑会增加企业雇主品牌的知名度、美誉度，使企业的优秀雇主形象一夜之间便可深入人心。如《绝对挑战》是中央电视台经济频道顺应时代和市场需要，隆重推出的一档大型人力资源节目，其通过多名选手对知名企业真实职位的挑战竞争上岗，为求职者提供真实的职业机遇，为企业提供展现企业文化和管理经验的平台，是一档集资讯、对抗于一体的大型人才节目。这档节目不仅宣传招聘公司的职位要求、企业文化、公司能给员工提供什么样的就业发展平台，以及给广大观众的求职应聘提供信息和指导；而且在节目进程中，强调观众的收视兴趣，被媒体誉为"新型娱乐经济节目"的典范，收视率稳步上升。这类节目的目的不仅仅宣传了企业的雇主品牌形象，而且使参与其中的求职者也得到了锻炼与升华，场外的观众（企业与求职者）在观看节目的同时也收获了雇主品牌建设或求职的经验与理念，达到求职与雇主品牌宣传相互促进的效果。

2. 通过丰富多彩的业余活动，加强与员工的内部沟通

一个企业的在职员工是雇主品牌的受益者，也是最好的推广者。所以加强与企业内部员工的沟通是一种有效且廉价的雇主品牌推广方法。

内部推广可以通过丰富多彩的业余活动起到良好的效果。众所周知，所有的企业年底都举行新年晚会，只要在节目娱乐的同时加入一些特定的元素就会起到推广雇主品牌的效果。例如，在活动中穿插为困难职工发放困难补助，就可以传达企业对员工生活上的关心，增强员工的归属感；像大恒集团在春节团拜会上，董事长应员工邀请唱的《我爱我们的家》，他并没有把这儿当作一次简单的参与娱乐，而是用心改编了一首歌词："说句实话，我爱

我们的家，就因为，有了她，生命更显无价；说句心里话，一切都依靠她，依靠她，把我养育大，把我养育大；为她努力，为她奋斗，为她奉献年华！说句实在话，我爱我们的家，这个家，有欢乐，家里有你、我、她；说句心里话，一生就为了她，为了她，一心恋着她；为她骄傲，为她自豪，为她名扬天下"，新的歌唱充分体现了"家"文化的内容，表达了他对企业的深厚感情。这些深情的歌词，饱含了对企业的忠诚、感恩、依靠和期待，让人真切体会到企业为了让员工更深刻地领会"家"文化的精髓，投入了多少心血与汗水，也让多少奋斗在一线的家人们切实感受到了这个大家庭的温暖。

3. 通过校园公关活动

在校园举行各类公关活动是直接面对广大学子（潜在员工）的最有效、最直接的雇主品牌推广方式。校园公关的推广目标不仅仅面对应届生，更会向下延伸到更低年级的学生。学生们在校期间连续几年获得了企业的信息，频繁近距离接触企业，这给他们留下很多具体的感知印象。到毕业时，优秀的学生就会首先把目标锁定在那些他们熟悉青睐的企业上。所以精于雇主品牌推广的企业，总是能把那些最具潜力的优秀学生招聘到企业里来，不断为企业输送新鲜的血液。例如，2010年，陶氏化学参与"第三届大学生公关策划大赛"，其提供了"在职业青年中塑造陶氏最佳雇主品牌形象的策划案"的选题，且不论策划案设计本身，仅就陶氏化学成为大学生公关策划大赛选题而言，就是一个巧妙的公关活动，在这一过程中，无论大学生是否选择这一选题进行策划，陶氏化学均可得到包括大学生在内的职业青年（潜在员工）程度不同的关注、认知和了解，有效地塑造了"人元素"雇主品牌形象。

4. 把雇主品牌融入其他品牌中推广

树立领导个人品牌有助于强化雇主品牌形象。我们常常是因为一个企业家而认识一个企业甚至行业，例如蒙牛的"老牛"牛根生、吉利的"汽车狂人"李书福、娃哈哈的"不倒翁"宗庆后，现在很多企业家纷纷著书立传，参加公益慈善活动，增加正面曝光率，可谓是提升企业家个人形象，弘扬外部雇主品牌的一种方式。

产品品牌、企业品牌与雇主品牌理念协调统一，可以产生"整合推广"的效果。产品（服务）品牌、企业品牌与雇主品牌具有相得益彰的作用，企业在产品品牌塑造过程中，将员工和文化元素加进去，可以借助为顾客提供"人员形象"价值的方式塑造雇主品牌。如，土星汽车（Saturn）的形象广告中，将公司的理念加进去，通过让顾客产生"这些产品来自什么样的团队"的认知，增进了雇主品牌的理解。"欢迎您，我们特别希望您了解Saturn是一家什么样的公司，我们希望您能发现它的与众不同之处。他的个性在于员工在一起工作时的默契合作，在于我们尊重那些将我们的车伴随着他们日常生活的顾客……"

通过公益活动，提升企业雇主品牌形象。通过公益活动提升企业品牌。安利（中国）的企业文化坚守"回馈社会、关怀民生"的理念，而公司产品本身也是呵护人们健康与美丽的产品，所以公司尽最大努力去帮助社会，也号召员工无私奉献、回馈社会。因此安利

（中国）在这种理念的支撑下积极投身公益事业，以实际行动回馈社会，自觉履行作为一名"优秀企业公民"所应承担的社会责任。十多年来，安利（中国）用于公益事业的资金总计超过 3 亿元，参与实施了以"儿童、环保、健康"为主题的 4200 余项公益活动，累计获得各种奖项 3000 余项。公司广大的营销人员和公司内部员工也积极投入到公司这些公益活动中。公司作为倾情公益的奉献者，在社会大众心目中占据了牢固的地位。这些公益活动使人们不得不相信安利对待自己的内部员工也会非常人性化的。

雇主品牌是随当今人才竞争应运而生的产物。它的推广对于企业获得优秀人才，保持持久竞争力，起着至关重要的作用。了解以上雇主品牌推广策略，对企业今后的雇主品牌推广或许能有所帮助。

（二）实例二：Cosplay 服装品牌推广策略

Cosplay 是一种以 Acg（AniMecoMicgaMe）文化为基本依托的典型的娱乐方式之一，在日本最为流行。Cosplay 的最早中文译法出自台湾，翻译为角色扮演，另一译法为"服饰扮演"，本案例更倾向于后一种译法。

1. Cosplay 服装的概述

（1）Cosplay 服装的特点

Cosplay 主要取决于服饰，一般 CoseR 都会比较注重 Cos 的服装。Cosplay 服装的三大要素是造型、色彩、材质。Cosplay 的服装款式新颖夸张，如有一种 Cos 服装是包括物品形状、动物、机器人等；Cos 服装的色彩丰富多样，多为高纯度的色彩，或者浅色系。常常一件服装里包含了十几种色彩；Cos 服装的材料对于做好一件 Cos 服装起着决定性的作用，材料有棉布、麻布、缎子、丝绸、呢绒、化纤、混纺等。

（2）Cosplay 服装发展的现状

①国外发展现状

Cosplay 自 19 世纪 30 年代在美国出现后，便在 19 世纪 40 年代的日本发展和盛行，成就了现在流行的 Cosplay 理念，随着 2000 年后网络游戏服装设计比赛的接连出现和游戏 Cosplay 地位的提高则标志着 Cos 服饰文化的迅速发展。

②国内发展现状

目前国内的 CoseR 大多是自己动手制作衣服和道具等。目前比较出名的专业工作室有羽翼家、火色家，还有北京的华姐，都是专门制作 Cos 服装的。其中以华姐的工作室发展得最为迅速，其有专门的订制网，做工也相对来说更加专业。

2. 基于 SWOT 分析法的综合分析

（1）优势

国内廉价的劳动力与相对便宜的服装面料辅料，使其降低了生产成本。在市场竞争中占有一定优势广大的消费者群体。之前日本、美国等国的经验借鉴，博大的文化可以为之后 Cos 服装的创意设计提供强大的灵感来源。

（2）劣势

没有创造性及属于自己的风格；懂 Cos 服装的专业裁缝很少；Cosplay 活动仅仅是动漫迷的事情，Cos 服装涵盖的面也非常窄，仅仅在商业活动或者 Cos 大赛上才会出现，所以不能带动更多的人参与其中，因此也就不能像日本那样把 Cos 服装完美地渗透到生活中去，甚者无法进入其他服装领域。

（3）机会

在中国 Cosplay 消费者市场有很大的发展空间。Cos 服装的需求量会随着现在 Cos 市场的不断增长而增长。因此在 Cos 服装这一块在中国的市场发展非常广阔，前景美好。目前中国还没有较专业的 Cos 服装品牌，Cos 服装只能靠小作坊来制作完成，没有竞争状态，利于专业品牌的成长。国家在颁发的大力扶持国产动漫产业政策，这为 Cos 服装的发展提供了很好的外部环境。现时代的对国外动漫的"封杀"，在一定程度上为国内 Cos 服装品牌的发展扫清了一定的障碍。

（4）威胁

来自全国大大小小的个体手工作坊，他们往往会以更低的价格接客户的订单，而他们已有的客户群体不易改变。还有来自各大知名服装品牌的压力，虽然他们不可能专心的涉足 Cos 服装这一领域，但一两次与某某公司的携手合作所带来的竞争同样不可小视，对于消费者来说他们更愿意接受一个已经趋于成熟的品牌的服装。Cos 服装在 SO、WO、ST、WT 这四个战略方向都有可以努力的方向和策略，而目前面对目前的市场，最为迫切的就是 Cos 服装走出自己的特色，从这一角度出发，Cos 服装应该集中于 SO 战略方向，集中利用自身资源，发挥自身优势，把握品牌发展机会，开发出别具一格的有竞争实力的 Cos 服装。

3. Cosplay 服装的品牌推广策略

（1）Cos 大赛推广

每年国内的 Cosplay 权威大赛有：OACC 金龙奖 Cosplay，分为各大赛区选拔制；临界动漫文化节暨同人交流会；中国西部动漫文化节；chinajoyCoseR 嘉年华；中国国际动漫节，国外有日本相当权威的世界 Cosplay 大会（WCS）。作为 Cosplay 必须品的服装，向它所在的权威赛式推广，不失为一条好途径。这里面包括大赛期间扮演者的服装赞助、租赁等。可在大赛现场制作巨幅海报配合宣传单推广。

（2）广告媒体推广

品牌要长盛不衰，必须得做好品牌传播工作，很多企业不惜重金为品牌造势以获得预期的效果。Cos 服装品牌若想打开市场，就得相应地在 Cos 界投入相应的广告，它不但能很好地为你推广产品，更有可能带来不少意外收获。

（3）省略相应的主题馆

同时值得注意的是现在市场上的 Cos 系列餐吧，在这里所有服务员穿着某一动漫里的女仆造型服装为客人服务，而到这儿消费的多数顾客为 Cos 爱好者。所以在这里的推广活动如给服务生提供服装，势必会在圈内收到一定的效益。

（4）CoseR 群体

Cos 内唯一的主导因素就是 CoseR 们了。他们决定着整个活动的进程，强大的 CoseR 群体是一个流动的广告。其广告效果往往比电视杂志等媒体要明显很多。但是一旦给这些 CoseR 们留下不好的影响，也容易让品牌形象大打折扣。

（5）一品多牌策略

即创建一些新的品牌满足不同个性化的消费倾向，这样，企业既能提高市场总体份额，控制更大的市场，又能锁定"品牌转换者"。

参考文献

[1]Smith Wendell.*Product Differentiation and Market Segmentation as Alternative Marketing Stratege*[J].*Journal of Marketing*，1956(7).

[2] 史有春 . 市场细分新范式 : 基于两类不同产品的实证研究 [J]. 南开管理评论 , 2010(3)

[3] 罗纪宁 . 市场细分研究综述 : 回顾与展望 [J]. 山东大学学报 (社会科学版), 2003(6).

[4] 史有春 . 关键描述变量在市场细分中的中介作用研究 [J]. 商业经济与管理 , 2010(5)

[5] 李立 . 市场细分在市场机会发现中的作用探讨和分析 [J]. 中国商贸 , 2011(9).

[6]Neal.John wurst.*Advances in Market Segmentation*[J].*Marketing Research Spring*，2001(13).

[7]Haley Russell I.*Benefit Segments ： Backwards and Forwards*[J].*Journal of Advertising Research*，1984，24(1).

[8] 夏维力 , 王青松 . 基于顾客价值的顾客细分及保持策略研究 [J]. 管理科学 , 2006(8).

[9]Verhoef P.C.and Donkers B..*Predicting Customer Potential Value an Application in the Insurance Industry*[J].*Decision Support Systems*，2001(32).

[10] 刘英姿 . 客户细分方法研究综述 [J]. 管理工程学报 , 2006(1).

[11]Aaron Ahuvia，阳翼 . "生活方式"研究综述 : 一个消费者行为学的视角 [J]. 商业经济与管理 , 2005(8).

[12]Huddleston P.T.，Ford I.M.and Mahoney M.A.*The Relationship Between Importance of Retail Store Attributes and Lifestyle of Mature Female Consumers*[J].*Journal of Consumer Studies and Home Eeonomies*，1990(14).

[13][美] 所罗门 , 卢泰宏 . 消费者行为学 [M]. 北京 : 电子工业出版社 , 2006.

[14] 冯军 . 多元统计分析在市场细分中的应用 [J]. 科技信息 , 2011(7).

[15] 董昌林 . 工业品市场细分中的投射应用 [J]. 市场研究 , 2011(7).

[16] 卢泰宏 , 杨晓燕 , 张红明 . 消费者行为学 (中国消费者透视)[M]. 北京 : 高等教育出版社 , 2006

[17] 何伟 , 柴俊武 , 刘英姿 . 基于利益的客户细分中的利益内涵研究 [J]. 管理学家 (学术版), 2009(2).

[18] 李辉 . 市场细分的成功路径 [J]. 市场研究 , 2012(4).

[19] 邱强 . 基于市场细分理论的苹果手机在华营销策略研究 [D]. 大连海事大学 , 2015.

[20] 孙海涛. 新时期建筑市场细分与营销战略 [J]. 中国房地产业，2015（7）.

[21] 王文. 中国钢铁企业市场营销策略研究 [J]. 企业导报，2015（16）.

[22] 杨国栋. 现代市场营销理论的新发展 [J]. 环球市场信息导报，2014（22）.

[23] 马娟，黄婷婷基于 4P 营销理论的电子商务企业定价策略研究 [J]. 价格月刊，2015（4）.

[24] 孙洁涛. 基于 4C 营销理论的企业微信营销的利弊分析 [J]. 东方企业文化，2015（24）.

[25] 陈杰群. 中间商渠道上的营销问题分析及对策研究 [J]. 知识经济，2013（24）：126.

[26] 冯志强. 市场营销分销渠道策划的研究 [J]. 云南行政学院学报，2013，15（5）：251-252.

[27] 梁巧桥. 基于不同分销渠道模式的中间商满意度管理研究 [J]. 现代商贸工业，2011，23（11）：44-45.

[28] 张晨英. 煤炭企业成本控制分析 [J]. 金融经济，2011（12）.

[29] 杨占强. 煤炭营销过程中的风险管理控制 [J]. 管理世界，2013（10）.

[30] 朱昊. 煤炭营销管理的创新与实践 [J]. 中国煤炭工业，2010（11）.

[31] 刘海林. 煤炭营销风险管理与控制分析 [J]. 现代商业，2013（17）.

[32] 沈山. 论文化创意产业与艺术授权经营 [J]. 经济前沿，2014（12）：56-57.

[33] 盛磊. 创意产业：现代服务业新的增长点 [J]. 经济导刊，2015（7）：78-82.

[34] 赵丽颖. 创意的个性化与产品的标准化 [J]. 现代传播，2015（1）：134-136.

[35] 王曼. 英美日三国文化创意产业发展经验解读及启示 [J]. 浙江树人大学学报，2013（5）：32-37.

[36] 徐忠伟，周兴茂，王谭雅. 关于文化创意产业的几个基本理论问题 [J]. 重庆邮电大学学报（社会科学版），2013（6）：60-66.

[37] 蔡金升. 重视市场营销问题，提高科技产品竞争力 [C]. 论提高科技产品国际竞争力学术研讨会论文集，2012.

[38] 胡正明，牛建波，王桂萍. 经济全球化时代营销组织的发展探究 [C]. 中国管理科学学术会议论文集，2011.

[39] 王妙. 消费者行为分析 [M]. 上海：复旦大学出版社，2008.

[40] 吴建安. 企业市场营销学 [M]. 北京：高等教育出版社，2004.

[41] 朱远红. 基于消费者行为的营销策略分析 [J]. 现代商贸工业，2009（16）.

[42] 许彩国. 消费者购买决策的影响因素的研究 [J]. 消费经济，2003（1）.

[43] 赵远胜. 市场细分下市场营销策略的构建分析 [J]. 商业经济，2016（13）.

[44] 钱旭潮，韩翔. 买方市场细分及营销策略 [J]. 中国流通经济，2015（13）.